Regional Finance Theory

: The Background of the Birth of Japanese Modern Regional Banks
and the Significance of Their Existence

地域金融論
—近代的地域銀行誕生の背景とその存在意義—

NANCHI Nobuaki

南地伸昭

八千代出版

は し が き

　人々が日々の生活や様々なビジネスを営んでいる地域社会には、個性的な香りと地域社会との一体感を有する"地域の金融機関"が存在する。元来、地域の金融機関は自らが誕生し、成長をともにしてきた地域社会との連帯意識や共属感情を有していることから、地域社会の発展に貢献するため地域密着型の経営を行っている。それぞれの地域金融機関は、経営基盤である地域社会に焦点を当てて、ヒト・モノ・カネ・情報などの有限の経営資源のほとんど全てを集中的に配分し、有人店舗を中心とするハード面のみならず、地縁や人縁などのソフト面においてもネットワークの構築と拡充に注力してきた。すなわち、"地元の銀行"である地域金融機関は共存共栄を目指して地域社会との人的、資本的、歴史的に密接な相互依存関係を築きながら金融の円滑化をはじめとする様々な地域貢献活動に努めてきたのである。

　また、海外においても地域社会の振興に取り組む多様な形態の地域金融機関が存在している。例えば、米国のコミュニティバンクやクレジットユニオン、リージョナルバンク、英国の住宅貸付組合、あるいはドイツの貯蓄銀行（シュパルカッセ）や協同組合銀行（フォルクスバンク、ライファイゼンバンク）などは、金融の円滑化を通じた経済的貢献活動のみならず、社会的および文化的な様々な地域貢献プロジェクトに取り組んでおり、主要な経営地盤としているコミュニティや、その地理的・人的拡がりとしての地域社会との間に濃密な相互依存関係を築き上げている。

　地域社会との共存共栄を経営理念とする地域金融機関は、近年、金融商品・サービスの提供をはじめ、地域商社や観光事業などにも及ぶ多彩な地域社会の振興活動に取り組むとともに、それぞれの地域社会が有する固有の自然や文化、芸術、風習などをも活かした多様な社会的・文化的な地域貢献活動に取り組んでいる。この点で、地域金融機関は、まさに地域社会とともに

歩む運命共同体的な存在であるといえよう。

　日本は成熟化社会に移行して久しいが、とりわけバブル崩壊後においては地場産業の新陳代謝や生産性が低迷しており、少子高齢化などの構造的課題と相俟って日本経済は閉塞感に包まれているように思われる。新たな付加価値を生み出す知的情報資産や先進的技術がハブとなって、ヒト・モノ・カネ・情報を循環させる"情報化社会"が地球規模で急速に進展する中で、地域社会が有する彩と潤いのある豊かな個性を活かした地域住民主体の地域振興が求められているのではないだろうか。

　本書は、地域社会の構造変化の中で経営環境の変化への適応が喫緊の課題となっている日本の地域金融機関の"原型（プロトタイプ）"を辿り、地域金融機関が誕生した背景とその役割や存在意義、経営特性などを浮き彫りにすることによって、組織の存続および持続的な成長・発展を可能ならしめる諸要因を探ることを目的としている。

　それゆえ、金融の実務に長らく携わってきた筆者としては、本書がこれらのテーマに関心を寄せる学生のみなさんをはじめ、実務家や研究者の方々に読まれ、金融、とりわけ地域金融や地域社会との共存共栄を目指す地域金融機関に対する理解や、実務上および研究上の何らかのヒントが得られることを願ってやまない。

南 地 伸 昭

目　　次

地域金融論

―近代的地域銀行誕生の背景とその存在意義―

本書の目的と構成

第1節　本書の目的

　地域金融機関[1] は、主な取引先である中小企業との金融取引においてリレーションシップバンキング[2] を基本としている。リレーションシップバンキングに関する従来の研究においては、リレーションシップの期間が貸出条件や借入利用可能性に及ぼす効果や、ソフト情報の収集における貸し手と借り手との間の個人的な接触の重要性などが主な論点として分析されている。具体的には、「貸し手が借り手とのリレーションシップ関係の構築を通じて借り手の経営実態などに関する私的情報を収集し、それらを貸出審査などに活用することによって、与信コストを削減しつつ情報の非対称性の問題を克服している」点が明らかにされてきたのである。経営者の資質や技術力、販売力などといったソフト情報の収集とその活用が重要な要素となっているリレ

1　金融制度調査会金融制度第一委員会中間報告（1990）「地域金融のあり方について」において、「一定の地域を主たる営業基盤として、主として地域の住民、地元企業及び地方公共団体等に対して金融サービスを提供」し、「その地域を離れては営業が成り立たない、いわば地域と運命共同体的な関係にある金融機関や効率性、収益性をある程度犠牲にしても地域住民等のニーズに応ずる性格を有する金融機関」が地域金融機関であるとされた。本書が研究対象とする地域金融機関は、地方銀行と第二地方銀行協会加盟地方銀行、協同組織金融機関とする。

2　金融庁は、2005年3月に公表した「地域密着型金融の機能強化の推進に関するアクションプログラム（平成17〜18年度）」において、地域密着型金融の本質を「金融機関が、長期的な取引関係により得られた情報を活用し、対面交渉を含む質の高いコミュニケーションを通じて融資先企業の経営状況等を的確に把握し、これにより中小企業等への金融仲介機能を強化するとともに、金融機関自身の収益向上を図ること」と定義している。これに従い、本研究では、地域密着型金融をリレーションシップバンキングやリレーションシップ取引と同義語として扱うこととする。

4

ーションシップバンキングにおいては、現場の融資担当者に権限を付与する分権的組織に加えて、貸し手と借り手との間の濃密な対面型コミュニケーションといった人と人との関係が重視されている。

　元来、地域社会との運命共同体的側面を強く有する地域金融機関は、地域経済の活性化や地元企業の再生なくして自金融機関の抜本的な経営改善を図ることは困難である。それゆえ、地域金融機関は「人縁」や「地縁」をはじめとする地域社会との濃密なネットワークを活かしながら、預金や貸出などの本業を通じた経済的な地域貢献活動のみならず、その他の様々な社会的・文化的な地域貢献活動にも取り組んでいる。すなわち、地域金融機関は利益至上主義に陥ることなく地域社会の発展の一翼を担う企業市民として、経済ならびに文化、環境、福祉などがバランス良く保たれた地域社会づくりを目指しているのである。しかしながら、一方で、このような地域社会に対するコミットメントが適切な与信審査を阻害して、地域金融機関の収益性や健全性を損ねてしまうといったソフトバジェット問題（soft-budget constraint problem）の存在が指摘されている。

　そこで、本書においては、地域金融機関の生い立ちを辿るとともに、その中小企業金融取引の特徴を明らかにすることにより、地域社会との持続的な共存共栄の達成を目指し、地域の企業や住民との協働を通じて様々な地域貢献活動に取り組む地域金融機関の経営特性を浮き彫りにする。そのうえで、地域金融機関の地域貢献志向と財務内容の関係についての実証分析を通じて、先行研究の指摘についての批判的検証を行い、地域社会との共存共栄を強く意識して経営を行う地域貢献志向の強い地域金融機関ほど、地域金融をしっかりと担うために必要となる高い収益性と健全性を有し、より強固な財務基盤を構築している点について言及する。

　筆者が本書に記した新たな知見は以下の通りである。

　第1に、明治新政府によって全国各地に設立された小規模の国立銀行は、

いずれも地域金融の円滑化と地域社会における殖産興業を目的として、士族や商人、地主などの地元有力者が積極的に設立活動に参画した点である。全国各地の国立銀行は、地域金融の円滑化を通じて地元商工業や産業の創出・発展を支え、地域経済の振興を図ってきたといえ、この点で地域金融機関であったと位置づけることができる。このような国立銀行の歴史的経緯を踏まえると、元来、地域金融機関は地域経済との一体性が強く地域社会との運命共同体的性質を有しているものと考えられる。地域金融の円滑化を中心とする様々な地域貢献活動を通じて地元産業や企業の創業・発展に向けた協働を行い地域経済の活性化を図ることが、時代を超えて地域金融機関に求められている最も重要な使命であるといえる。

　第2に、行為者自身にとっての経済利得の最大化を目的として、他者への配慮や他者との相互行為を一切考慮しない「ホモ・エコノミクス」のモデルに加えて、社会システムから課せられた役割分担を自発的に行い、他者との協働を通じて社会システムの機能的要件の達成に貢献する社会的行為者「ホモ・ソシオロジクス」として、地域金融機関をモデル化した。そのうえで、社会的側面を強く有する地域金融機関が、「経済的行為者と社会的行為者の互いに補完し合う二重性」といった側面を経営特性として有する点を明らかにした。すなわち、地域金融機関は経済合理性の観点から利潤極大化を図る「経済的行為者」であるのみならず、地域社会への貢献といった社会的役割を行動規準とする「社会的行為者」でもあるという点である。

　さらに、地域金融機関は「人と物との関係」のみならず、「人と人との関係」をも重視し、地域住民との濃密なコミュニケーションを通じて地域社会からの信頼の獲得を目指しており、「社会的交換」を重要な経営指針として位置づけて地域社会との共存共栄を志向している。そして、このような地域金融機関の二重性の経営特性を、地域金融機関が地域社会に対する社会的責任を果たすため様々な地域貢献活動に取り組むに際しての経営の最も重要な基本方針である「リレーションシップバンキングの機能強化計画」に記載さ

れた「目標とする経営像」の中に確認することができた。

　本書では、以上のようなモデル化を通じて、地域金融機関が利潤を獲得することが存続のための機能的要件であるとともに、地域金融機関が社会的責任を引き受けるという役割を果たすこともまた社会システムとしての機能的要件であるといった両面を明示的に捉えている。

　第3に、地域社会との共存共栄を目指して様々な地域貢献活動に取り組む地域金融機関の地域貢献志向の強さが、各地域金融機関の財務内容に対してプラスの効果をもたらしているという点である。地域社会との運命共同体的色彩が強い地域金融機関は、有人店舗を中心とする人縁や地縁などといった地域社会との濃密なネットワークを活かしながら、地元企業や地域住民との協働を通じて、経済的な地域貢献活動のみならずその他の様々な社会的・文化的な地域貢献活動にも取り組んでいる。しかしながら、このような地域社会に対する様々なコミットメントが、適切な与信審査を阻害して地域金融機関の収益性や健全性を損ねるといったソフトバジェット問題が大村ほか（2002）によって指摘されている。

　第4に、地方銀行が経営環境の変化に伴い拡大する不確実性に対処すべく、情報処理負荷の削減と情報処理能力の強化を目的とした組織デザイン化戦略に取り組んできた点である。情報通信技術や業際規制緩和の進展といった経営環境の変化に対する「組織の環境適応」の理論的枠組みを用いて、日本の地方銀行の経営戦略と組織再構築の取り組みについての事例分析を行った。その結果、情報通信技術および業際規制緩和の進展といった地方銀行を取り巻く経営環境と組織構造との間には適合関係が存在すること、そして情報通信技術の活用や新規業務参入の目的に応じてGalbraithのモデルが提示した組織デザイン化のための具体的戦略が選択されてきたこと、さらに地方銀行は、情報処理技術の活用や業際規制緩和に伴う新規業務への参入に際して、既存組織に対する情報処理の負荷を削減しつつ高度な専門性を確保するため、自己充足型組織を機能別の組織等に再編してきたことを確認した。

　本書では、互いの顔がみえるつき合いに基づく人間関係の豊かさや信頼の高さを社会の資本として捉え、それが人々のくらしや地域経済の発展に貢献するといった社会関係資本の議論を取り入れた。このような議論を踏まえ、地域社会との共存共栄を目指して様々な地域貢献活動に取り組む地域金融機関の「地域貢献志向」が、各金融機関の財務内容にプラスの影響を与えているとの仮説に基づき、先行研究の指摘についての批判的検証を試みた。

　地域金融機関の地域貢献活動は、有人店舗を拠点とした人と人との関係を基本とする地域金融機関の職員と地元の中小企業や地域住民との協業によって成り立っている。それゆえ、地域貢献志向を強く有する地域金融機関ほど、地域社会との人間関係のネットワークの拠点である有人店舗を自金融機関のホームマーケットにより集中的に配置するものと考えられる。

　したがって、最初に、わが国の地方銀行各行が保有する有人店舗ネットワークの地元ホームマーケットへの回帰度を地域貢献志向の強さの指標としてモデル化を行ったうえで、地方銀行各行の地域貢献志向と財務内容の関係についてのパネル分析を行った。分析に際しては、会計制度や自己資本比率規制などの変更が、各地方銀行の元来の財務構造の違いや、各種の制度変更に対する各地方銀行の対応方針の相違を通じて決算の内容に与える影響を軽減するとともに、データサンプル数を相応に確保するため、2000 年度から2006 年度までの複数決算期間のパネルデータを用いることとした。

　分析の結果得られた知見は、わが国の地方銀行の地域貢献志向と財務内容との間にはポジティブ・フィードバック・ループが存在し、正（プラス）のスパイラル効果が生まれることによって、地域社会との豊かな人間関係のネットワークを構築して地域経済の活性化に取り組み、地域社会から高い信頼を獲得している地域貢献志向の強い地方銀行ほど、地域金融をしっかりと担うために必要となる高い収益性や健全性を確保し、より強固な財務基盤を構築しているというものである。

　したがって、経済的およびその他の社会的・文化的な様々な地域貢献活動

を行う地域金融機関の地域社会との親密性がコミットメント・コストをもたらし、その収益性や健全性を損ねているといった大村ほか（2002）の批判は、本書における研究の分析対象期間において、わが国の地方銀行については当てはまらないことが確認された。

第2節　本書の構成

　本書は、序章を含めて8つの章から構成される。第1章は、わが国の地域金融機関の生い立ちを辿ることで、時代を超えて変わらない地域金融機関の重要な役割を探るものであり、本書全体のイントロダクション的な位置づけとなっている。次に、第2章は、近代的産業の育成を通じた殖産興業を政策の柱として位置づけた明治新政府の方針の下設立されることとなった近代的銀行の役割および業務とその機能について解説している。第3章および第4章は、地域金融の視点からのリレーションシップバンキングの理論的サーベイならびに地域金融機関による中小企業金融取引の実態についての分析を行っている。第5章は、地域金融機関の地域貢献活動と社会的責任について考察したうえで、地方銀行各行の「リレーションシップバンキングの機能強化計画」を用いて、地域金融機関の経営特性としての"二重性"の存在を明らかにしている。さらに、第6章は、地方銀行の有人店舗ネットワークならびに財務情報に関するパネルデータを用いて、地域金融機関の地域貢献志向と財務内容の関係についての実証分析を扱っている。最後に、第7章は、情報通信技術と業際規制緩和の進展を経営環境の変化として捉え、組織の環境適応の理論的枠組みを用いて地方銀行の経営戦略と組織再構築の取り組みに関する事例分析を行っている。

　以下本節では、各章の概要を紹介することにより、本書の全体構成における各章の位置づけについての読者の理解の一助としたい。

　序章「本書の目的と構成」では、本書における研究の目的と問題意識について述べたうえで、本書の構成についての説明を行っている。

　第1章「リレーションシップバンキングの原型と地域金融」では、最初に、明治新政府によって全国各地に設立された小規模の国立銀行は、いずれも地域金融の円滑化と地方の殖産興業を目的として、士族や商人、地主、産業家などの地元有力者や自治体が積極的に設立活動に参画したといった共通の特徴を有していること、また各地の国立銀行は地域金融の円滑化を通じて地元商工業や産業の創出・発展を支えて地域経済の振興を図り、地域社会との共存共栄を実現してきたことを確認したうえで、このような歴史的経緯から、それぞれの地域経済の諸特性に応じて地元産業や企業の創業・発展に向けた協働を行い地域経済の活性化を図ることが、時代を超えて地域金融機関に求められている最も重要な使命であることを明らかにしている。

　第2章「銀行の役割および業務とその機能」では、最初に、人体の血液に当たる"お金"を社会に供給することで経済活動を支え、"心臓"のような役割を果たしている"銀行"の4つの重要な役割について解説している。次に、経済社会のインフラストラクチャーとして経済活動を支える銀行の業務について解説している。銀行は"お金"を社会に供給し、流通させることで経済活動を支えるといった経済社会の「心臓的役割」を担っていることから、本業に専念して本来の金融仲介機能を有効に発揮するよう、その業務の範囲については詳細に規定され、法律上認められたものに限られていることを確認し、最後に、銀行が果たしている重要な4つの機能について述べている。

　第3章「リレーションシップバンキングの理論的サーベイ：地域金融の視点から」では、米国を中心とする海外ならびにわが国におけるリレーションシップバンキングに関する主要な先行研究のサーベイを通じて論点整理を行

っている。まず、海外における先行研究は、①リレーションシップ取引が銀行による低コストでの借り手に関する財務履歴情報の獲得を可能とし、銀行に短期貸出の実行やモニタリングの実施に際してのコスト優位性をもたらすこと、その一方で、②借り手企業が経営危機に直面した際に、もし銀行との貸出契約についての再交渉が容易である場合には、借り手企業は十分な経営努力を行わないといったモラルハザードの問題や、リレーションシップ貸出が貸し手の銀行に情報の独占をもたらして、高い金利や担保の徴求などといった借り手にとって不利な条件での借入を強いることになるといった問題が存在すること、③リレーションシップの期間が貸出金利や担保徴求といった貸出条件に影響を及ぼすこと、④リレーションシップの期間は貸出金利よりも借入利用可能性に影響を及ぼすこと、⑤貸出市場の競争拡大が長期のリレーションシップに基づく利益を損なうこと、⑥取引主体の交渉力が効率的な資源配分を損なうこと、⑦規模の小さな金融機関ほど現場の融資担当者が借り手やその関係者に近接して個人的に接触してソフト情報を収集していること、⑧ソフト情報を与信審査業務に適切に活用するためには、階層的組織よりも分権的組織が望ましいこと、を分析の主な論点としている。以上の先行研究は、いずれもリレーションシップバンキングが地域金融機関による中小企業向け金融取引において極めて重要な役割を果たしている点を示すものである。

　一方で、わが国のリレーションシップバンキングに関する大村ほか（2002）の先行研究は、主に地域金融の視点から分析を行い、地域金融機関の地域社会との親密な関係そのものが適切な与信審査を阻害して各金融機関の収益性や健全性を損なうとともに、企業再生の遅延を招いているといったリレーションシップバンキングの負の側面を指摘している。

　元来、地域社会との運命共同体的側面を強く有する地域金融機関は、地域社会から期待された役割を果たすべく、地域社会に対する様々なコミットメントを行っている。それゆえ、地域貢献志向を有する地域金融機関は、地元

企業や地域住民との濃密かつ個人的な接触を通じて獲得した精度の高い私的情報を有効に活用することによって、適切な与信審査業務を行い得るものと考えられる。実効性ある地域社会との共存共栄を目指す地域金融機関は、企業の経営悪化を事前に察知したうえで経営改善に向けた支援活動を行う一方で、経営の再建が困難な企業に対しては追い貸しを続けて延命させることはないであろう。なぜなら、経営の再建が困難な企業に対する追い貸しは、地域経済ならびに地域金融機関の経営の足かせになるからである。したがって、本書の以下の章において、地域金融機関の地域社会との親密性が適切な与信審査を阻害して地域金融機関の収益性や健全性を損ねるといった先行研究の指摘を批判的に検証し、収益性や健全性の阻害要因が地域社会との親密性そのものではなく、実効性ある地域経済の活性化を目指すといった真の意味での地域貢献志向の欠如であることを明らかにする。

　第4章「地域金融機関の中小企業金融取引の特徴」では、地域金融機関の中小企業金融取引の主な特徴として、取引先企業の経営実態に関する情報が不透明であること、またそれに伴う情報の非対称性の問題を克服するため、地域金融機関はリレーションシップバンキングを基本としていることを指摘している。リレーションシップ取引を通じて、借り手の中小企業は安定的な資金調達チャネルを確保することが可能となる一方で、貸し手の地域金融機関も取引先の財務情報のみならず経営者の資質や技術力、販売力などのソフト情報を獲得し、それらの情報を与信審査などに活かすことによって、与信コストを削減しつつ有効に信用リスク管理を図ることが可能となる。このようにリレーションシップ取引には貸し手と借り手の双方にとってのメリットが存在することを明らかにしている。

　第5章「地域金融機関の地域貢献志向の分析」では、不良債権問題の解決のアプローチや監督上の措置、金融検査マニュアル、自己資本比率規制など

の事例にみられるように、わが国の中小・地域金融機関を対象とする金融行政の対応内容は、大手主要行を対象とする場合と異なる点を指摘している。例えば、地域金融機関の不良債権処理については、一般的に、地域金融機関は地元経済や企業等との一体性が強いため、不良債権処理の加速による地域経済への悪影響を回避するべく、主要行とは異なる比較的マイルドな対応が求められることとなったものと理解されている。

　これに対して、本書の研究では、このように金融行政上の対応が異なる理由として、中小企業を主な取引先とする地域金融機関が、経済的行為者としてのみならず社会的行為者としても様々な地域貢献活動に取り組んでいる点を指摘している。このような地域金融機関の経営特性としての二重性の存在を確認するための分析資料として、各地方銀行の「リレーションシップバンキングの機能強化計画」の中に記載された「目標とする経営像」を用いることとした。なぜなら、当該計画中において各地方銀行が「集中改善期間」終了時点での目標として掲げた「経営の姿」は、地域金融機関が地域社会に対する社会的責任を果たすために様々な地域貢献活動に取り組むに際しての経営の最も重要な基本方針だからである。

　二重性は３つのカテゴリーからなり、その第１点目として、地域金融機関は経済的利得である効率性や収益性の極大化といった経済合理性の観点から経営を行う「経済的行為者」であるのみならず、地域社会への貢献といった社会的役割をその行動規準として経営を行う「社会的行為者」でもある点があげられる。第２点目は、営利企業として功利主義の規準に基づき利潤極大化行動をとることから、他者の感情や態度には一切配慮せず「人と物との関係」のみを扱う存在であることに加え、地域社会とのフェース・トゥ・フェースのコミュニケーションを基本とするリレーションシップバンキングを行い「人と人との関係」を重視する存在でもあるという点である。そして第３点目は、貨幣を媒介手段として、所得や金融資産、実物資産などの物的資源の交換である「経済的交換」を行うことに加え、地域社会からの信頼や信認

などの社会的資源の交換である「社会的交換」をも行うといった点である。

　第6章「地域金融機関の地域貢献志向と財務内容の関係」では、人間関係の豊かさや信頼の高さを社会の資本として捉え、それが人々のくらしや地域経済の発展に貢献するといった社会関係資本の議論を取り入れ、地域社会との共存共栄を目指して様々な地域貢献活動に取り組む地域金融機関の「地域貢献志向」が、各金融機関の財務内容にプラスの影響を与えているとの仮説に基づき、わが国の各地方銀行の地域貢献志向と財務内容の関係についてのパネル分析を行っている。

　現場の融資担当者が企業経営者などとの個人的な接触を通じて獲得したソフト情報を与信審査などに活用して行う経済的地域貢献活動や、地域社会との協業を通じて取り組む様々な社会的・文化的地域貢献活動は、貸し手と借り手との間のフェース・トゥ・フェースのコミュニケーションを基本とする「人と人との関係」に基づくものである。すなわち、地域金融機関の地域貢献活動はいずれも有人店舗を拠点とした、地域社会の構成員である地域金融機関の職員と地元企業や地域住民との協業によって成り立っているのである。したがって、地域貢献志向を強く有する地域金融機関ほど、様々な地域貢献活動の拠点となる有人店舗を地元のホームマーケットに集中的に配置するものと考えられる。

　そこで第6章では、各地方銀行の創業以来の合併や再編等の歴史的経緯を踏まえて各行のホームマーケットを厳密に規定したうえで、有人店舗ネットワークの地元ホームマーケットへの回帰度を、各地方銀行の地域貢献志向の強さを表す指標としてモデル化を行った。

　分析で得られた結果は、わが国の各地方銀行の地域貢献志向と財務内容の間にはポジティブ・フィードバック・ループが存在し、正（プラス）のスパイラル効果が生まれることによって、地域社会との豊かな人間関係のネットワークを構築して地域経済の活性化に取り組み、地域社会からの高い信頼を

獲得している地域貢献志向の強い地方銀行ほど、地域金融をしっかりと担うために必要となる高い収益性と健全性を有し、より強固な財務基盤を構築しているというものである。したがって、地域金融機関の地域社会との親密性が地域金融機関の収益性や健全性を損ねるといったソフトバジェット問題についての先行研究の指摘は、本書における研究の分析対象期間において、わが国の地方銀行については当てはまらないことが明らかになった。

　第7章「日本の地方銀行の組織デザイン化戦略にみる環境適応行動」では、最初に、内外の先行研究を踏まえつつ日本の地方銀行が果たすべき役割について考察したうえで、経営環境の変化に伴い不確実性が高まる中で、地方銀行がいかに組織の再構築に取り組み、環境の変化に適応してきたのかについて、組織の環境適応理論の枠組みの観点から事例分析を行っている。

　具体的には、地方銀行の環境と組織構造との間に介在する適合関係を経営者の戦略の選択の問題に拡張して、①情報通信技術および業際規制緩和の進展といった地方銀行の経営環境と組織構造との間に適合関係が存在すること、②情報通信技術の活用および新規業務参入の目的に応じて Galbraith のモデルが提示した組織デザイン化のための具体的戦略が選択されることを仮説として提示し、事例研究を通じて経営環境と戦略、組織構造との間の適合関係について考察のうえ検証を行っている。

　その結果、日本の地方銀行は自らの役割を果たしつつ地域で生き残るため、経営環境の変化に伴い拡大する不確実性に対処すべく、情報処理負荷の削減と情報処理能力の強化を目的とした組織デザイン化戦略に取り組んできたことが確認された。

リレーションシップバンキングの原型と地域金融

第1節　近代的地域銀行の誕生

　1872（明治5）年11月の国立銀行条例公布を受けて、わが国最初の近代的金融機関として1873（明治6）年7月第一国立銀行が東京に設立された。その後、1879（明治12）年に第百五十三国立銀行が京都に設立されるまでの間、全国各地に153の国立銀行が設立され、近代日本社会の新しい経済基盤である銀行ネットワークが構築されることとなった。

　このように、全国各地に相次いで国立銀行が設立されることとなったのは、米国のナショナルバンク制度の小銀行主義にならったためとされている。当時、欧米の先進資本主義諸国からの圧力の下、中央集権体制による殖産興業政策を推進していた明治新政府が、銀行制度については全国各地に分散配置する米国型の小銀行主義を採用したことは極めて興味深い点である。

　そこで本章では、わが国の国立銀行設立に際して米国の小銀行主義が採用された点に注目し、小規模銀行が地域経済の担い手として全国各地に設立されたその歴史的経緯を辿り、地域社会において地域金融機関が果たすべき役割について探るとともに、小銀行主義による国立銀行設立の今日的意義について考察する。

第 2 節　初期的銀行業者としての両替商

　明治時代に入って全国各地に国立銀行が設立された歴史的背景には、江戸時代に大阪や江戸、京都をはじめとする諸藩の城下町で隆盛を極めた両替商をはじめ、全国各地の士族や商人、地主、産業家等の存在があった。彼らは全国各地で新銀行の設立や経営に参画し、地域社会の経済基盤づくりの一翼を担ったのである。なかでも江戸時代に活躍した貨幣取扱業者である両替商は、資本参加や経営への従事などを通じて新銀行の設立に際しての中心的な役割を果たしており、両者の間には歴史的な連続性がみられる。

　作道・廣山（1986）によると、大阪における両替商経営を中心とした信用体系が構築されたのは、江戸時代の寛永～寛文期（1624～73 年）であった[1]。江戸におけるそれが延宝～元禄期（1673～1704 年）であったことと比べると、大阪はおよそ半世紀江戸に先行して信用体系を確立したと考えられる[2]。その後、町奉行指名の両替商は 1670（寛文 10）年には 10 人となり、以後十人両替制度が成立する[3] など、大阪が全国的商品・貨幣市場としての地位を確立したという意味で画期的な時期であった。

1　大阪における両替商は天王寺屋（大眉）五兵衛（1623〔元和 9〕年～1694〔元禄 7〕年）が1628（寛永 5）年に開業したのが最初とされている。その後、平野屋（高木）五兵衛が 1635（寛永 12）年に、また鴻池（山名）善右衛門および加嶋屋（広岡）久右衛門が 1656（明暦 2）年に、さらに泉屋（住友）平兵衛が 1662（寛文 2）年に両替商を開業した。泉屋（住友）平兵衛が両替商を開業した 1662 年には大阪町奉行が大阪両替商であった天王寺屋五兵衛、小橋屋浄徳、鎰屋六兵衛の 3 人に対して小判の買い上げを命じたが、これをきっかけに両替屋の名称が初めて公認されることとなった。

2　新保（1956）は、すでに江戸時代において大阪の両替商が中心となって手形取引や商人に対する貸付を発達させており、両替商は単に信用媒介機能のみではなく信用創造機能をも果たし、大阪を中心とする全国的商品流通機構とそれを基礎とする信用関係において中心的な地位を占めていたと指摘している。このような両替商は、ヨーロッパで 16 世紀に現れたヴェニス銀行やアムステルダム銀行のような単なる振替銀行（Giro-bank）の段階を超えて、貸付や預託、両替、手形割引、為替の諸業務を統合的に営む金匠銀行業者（goldsmith-banker）、すなわち、初期的銀行業者としての性質を有していたことから、大阪の両替商を中心とする信用機構は現代の社会秩序の礎である近代的信用制度成立の土壌をつくったと評価している。

3　十人両替制度成立の歴史的意義については、作道（1971）を参照。

　一方、江戸においては、その中核的な地位を占めた三井両替店が1683（天和3）年に江戸駿河町で開業し、その後の京両替店と大阪両替店の開設によって三都をカバーするネットワークを構築した。さらに、三井両替店は1691（元禄4）年には幕府の御為替御用（公金為替）を請け負うこととなり、この元禄期の公金為替制度の成立によって江戸における両替商体系が確立したといえる。また、以上の三都以外にも、長崎、赤間関（下関）、岡山、兵庫津、名古屋、函館などの主要都市やその他全国各地の城下町にも両替商が出現し、全国各地における金融の中心的役割を果たした。

　このような両替商のうち、その主なものは明治時代に入って銀行業という新事業に積極的に取り組む[4]など、明治維新期以前における大阪の両替商を中心とする金融の担い手が近代的信用制度成立のための礎を築いたといえる。しかしながら、他方でその前近代的性質についても指摘されている。渋沢栄一は1895（明治28）年に日本経済会において行ったわが国銀行創立の顛末に関する講演の中で、「日本の銀行の起こりを考える場合、それ以前の銀行らしいものが何であったかについて述べる必要がある」として、明治維新以前における金融の担い手であった両替商などの金融機関としての前近代性についてふれている。

　彼は当時の商業について、①「わが国の商売は、明治維新以前においてはほとんどが小売商業といってよいものであり、先ず日用の物品を間に合わせていた」こと、また②「租税が米によって行われ、幕府でも諸藩でも皆現物で取り立て、その取り立てた米を幕府はもちろん諸藩も皆自分の手舟や指定した蔵元などに取り扱わせて大阪や東京に運搬させて、蔵元の手によってこ

4　例えば、大阪の鴻池両替店は、その後第十三国立銀行を経て鴻池銀行、さらには三十四銀行、山口銀行、鴻池銀行の合併によって三和銀行（現在の三菱UFJ銀行）へと展開し、また住友両替店もその後個人経営により住友銀行（現在の三井住友銀行）を設立した。一方、江戸においては、三井両替店が三井組と小野組との共同出資により第一国立銀行を設立するとともに、その後三井組が三井銀行（現在の三井住友銀行）へと改名して私立銀行を開業した。このように、江戸時代の両替商経営は直接的かあるいは間接的かの相違はあるものの、その後の明治時代における銀行業経営との間に歴史的命脈を維持し続けている。

れを販売させる手続きをとっていた」こと、③「その回漕については幕府の積年の心配事であり、米のみならず諸藩の物産についてもこれを保護するために様々な方法を通じて運送や販売方法についての制限を設けたため、商売人が引き受けた分は全く小売に止まった」ことを指摘している。

　当時の商売がこのような状況であったことから、「これに伴う金融の仕組みも極めて簡単であり、江戸や大阪に在って資産が豊富にあったものの多くは幕府や諸藩に金融することを業としており、その片手間に商売上の資金を繰り回ししていた」のが実態であり、「その種類は、御為替組や掛屋、大両替、小両替」などであった（阪谷編 1900：pp.475-477）。

　このように、維新以前の時代における金融の主な担い手は、莫大な資力を背景として地場産業などとも結びつきながら蔵元や両替商などを兼営していた大商人や大地主などであった。御為替組や蔵元、掛屋などは幕府や諸藩のためにその官用を果たすことを本業としており、公金を預かりこれを人民に貸し付けることがあった程度に過ぎなかった。また、当時の諸侯の領土は細かく分裂しており、その境界の往来の自由を制限されていたため、商工業などの日常的な経済活動が行われる市場規模もごく小さなものに限られていた。したがって、当時の金融の担い手は今日の銀行のように広く大衆から預金を集めてこれを貸し付け、金融の円滑化を図るものとは内容を異にしていたといえる。

第3節　国立銀行設立の背景：小銀行主義と地域金融の円滑化

1　政府不換紙幣の整理

　明治新政府は、幕藩体制から新体制への社会体制の転換に際して、旧制度の廃止と新制度の創設、殖産興業、旧幕府や諸藩の負債の整理、秩禄処分、軍備強化などのために莫大な財政支出を必要とした。このため、租税を中心

とする経常歳入ではこれを賄うことが不可能となり、様々な紙幣の発行を余儀なくされることとなった。

　政府はまず 1868（明治元）年に太政官札を発行したのを皮きりに、翌年には民部省札[5]、1871（明治 4）年に大蔵省兌換証券[6]、1872 年に開拓使兌換証券[7]ならびに従来の官札や藩札を交換するための新紙幣[8]、1881（明治 14）年には改造紙幣[9]を相次いで発行した。なかでも殖産資金の供給を目的として発行された太政官札は、明治維新後初めて全国に通用した政府発行紙幣であり、諸藩や農民、商工業者に貸し付けられ、その総発行額は 1869（明治 2）年 12 月に 4800 万円と最大規模となった。しかしながら、この太政官札は信用を欠き実質的に正貨との交換ができなくなったため、不換紙幣といわれてその流通はままならなかった。この間の 1869 年 2 月、政府は複雑な幣制を改革するため、太政官内に造幣局を設けて太政官札を新貨に兌換する旨の通達を発遣して 1871 年 5 月に新貨条例[10]を公布した。

　一方、1871 年 7 月に政府が廃藩置県を発令した結果、従来各藩が発行していた紙幣が政府の負債に帰属することとなり、いよいよ不換紙幣の整理の必要性から藩札の新貨幣との交換の実施を布告した。この布告は、当時総発行残高がおよそ 4000 万両といわれるほど多額にのぼるとともに、各藩によって表示単位が異なっていた藩札を回収することを目的として、時価に換算

5　民間の小規模取引に必要となる 2 分以下の小札であり、1869 年の発行以来新紙幣と交換されるまでの総発行額は 750 万円であった。

6　1871 年の廃藩置県に際して政府の巨額支出を補うことを主な目的として、両替商である三井組の名義で同年発行された兌換紙幣で、総発行額は 680 万円にとどまった（1871 年 10 月 12 日布告・発行）。

7　1872 年、北海道の開拓のための事業資金として三井組の名義で発行されたが、翌年には 50 銭以上のものがその通用を禁止され、新紙幣と交換された（1872 年 1 月 14 日発行を布告）。

8　従来発行されていた官札や藩札などとの交換を通じて紙幣を統一すること、ならびに贋造を防止することを目的として発行された（1871 年 12 月 27 日発行を布告）。

9　新紙幣に代わって 1881 年 2 月に 1 円紙幣、1882 年 7 月に 5 円紙幣、1883 年 9 月に 10 円紙幣がそれぞれ発行された（1880 年 2 月 5 日新紙幣との交換を布告）。

10　条例の内容は、①新貨幣の単位を従来の四進法の両・分・朱に代わって十進法の円・銭・厘とすること、②既存の通用貨幣の 1 両は新貨幣の 1 円と名目上等価とすること、③金本位制を採用して 1 円金貨を本位貨幣と定め、純金 1.5g を 1 円とすること、の 3 つの内容から構成される。

20

表 1-1　政府紙幣種類別流通高表

単位：千円

年月末	太政官札	民部省札	大蔵省兌換証券	開拓使兌換証券	新紙幣	繰換発行新紙幣	計	物価指数 (1868年=1)
1868(明治元)年 12 月	24,037	0	0	0	0	0	24,037	1.00
1869 年 12 月	48,000	2,090	0	0	0	0	50,090	1.22
1870 年 12 月	48,000	7,500	0	0	0	0	55,500	1.27
1871 年 12 月	48,000	7,500	4,772	0	0	0	60,272	1.26
1872 年 3 月	44,401	7,488	6,800	2,500	3,610	0	64,800	—
1873 年 1 月	43,240	7,473	6,800	2,497	5,503	4,600	70,113	1.38
1873 年 6 月	39,915	7,370	6,793	2,456	9,699	9,625	75,861	—
1873 年 12 月	36,863	7,247	6,616	2,118	24,435	1,100	78,381	1.39
1874 年 6 月	28,307	6,526	3,468	800	51,707	1,100	91,910	—
1874 年 12 月	26,573	6,377	1,340	402	56,108	1,100	91,902	1.43
1875 年 6 月	11,525	3,595	391	154	75,207	1,100	91,973	—
1875 年 12 月	5,147	2,337	0	0	83,798	7,788	99,071	1.46
1876 年 6 月	3,199	1,600	0	0	88,355	2,878	96,033	—
1876 年 12 月	3,095	1,540	0	0	88,687	11,824	105,147	1.52

出典) 竹澤 (1968)、日本銀行調査局編 (1958)

　して新貨幣と交換するといった内容であった。太政官札をはじめとする政府紙幣の発行額は、1869 年から 5 年の間におよそ 8000 万円にのぼり、大蔵省証券や開拓使証券も新貨幣へと交換され、事実上不換紙幣の性質を有することとなった（表1-1）。

　以上のように、当時のわが国の財政および経済状況は、「幕府及び諸藩の発行に係る各種の通貨並に新政府が当面の財用に充つる為め発行せる多額の不換紙幣等雑然として流通し、その間に贋造も多く混入し、物価の高低常なく、日常の国民生活にも又海外貿易にも多大の障礙を醸しつつ」（春畝公追頌会編 1940：p.516）あった。

　1870（明治3）年 10 月、当時の大蔵少輔伊藤博文は、このような事態を一刻も早く解消し、その弊害を一掃するためには、「硬貨の鋳造法、紙幣及び公債の発行計量、金融機関の設備等に於て万全を期せざるべからざるに因り、先ず新興国家にして財政、幣制の最も進歩せる米国に赴き、その実況を視察研究するを緊要」（春畝公追頌会編 1940：p.516）と建白し、同月渡米した。

　伊藤は、米国における調査を踏まえ[11]、1870 年 12 月、①貨幣制度は金貨

本位を採用すべきこと、②金札引換公債証書を発行すべきこと、③紙幣発行会社を設立すべきこと、の３項目を建議した。特に、紙幣発行会社の設立については、米国が公債証書を基に銀行を設立し、南北戦争に際して発行した多額の不換紙幣を回収・処理した先例を取り上げ、ナショナルバンクにならったものであった[12]。伊藤は、「米国のナショナルバンクの制に倣いて、紙幣発行の特権を有する銀行を創立して政府紙幣を銷却すると同時に、金融を疏通するの機関たらしめ、一挙両得の策を講ぜん」（渋沢青淵記念財団竜門社編 1955b：p.567）とのねらいから、「米国に於て取建候ナショナルバンクに至りては、実に万国無比の良法にて、実地施行の際其弊害を豫防し、之を我邦に採用仕候はゞ将来富国の基本とも相成可申候」（春畝公追頌会編 1940：p.525）と建議したのである[13]。

　この伊藤の建議を受けて、「亜米利加の国立銀行創立も千八百六十年頃に多く不換紙幣を発行し其紙幣の低落せしより之を救済する為めに設けた方法であるから其趣向に依て遣ったら宜かろう殊に商売上金融の供給も甚だ不便であり況や不換紙幣を整理するに於て必要であるから之を合せて行うたら宜

11　伊藤博文は、第２回外国公債発行募集地の選定を目的として、半年間の予定で米国市場の調査に赴いた際、米国の銀行制度に関する調査についても計画した。その際、渋沢栄一は政府に提出する伊藤の書面の草稿を作成し、その中で「頃日合衆国国債償却法及び紙幣条例等の書を繙閲して、其方法簡便、事理適実、官民共に其権利を保有し、相行れて相悖らざるの制を察知す。其維持約束実に明亮精確にして、最も準拠たるを得るものと云ふべし。」と記載している。これは、当時、すでに伊藤が米国の銀行制度の導入について前向きであったことを示すものである（渋沢青淵記念財団竜門社編 1955a）。

12　高垣（1970）は、わが国の国立銀行条例は米国の財政的経済的環境とそれにつれてできた「全国通貨法」を模範としたものであると指摘している。これは、明治維新後のわが国の財政金融情勢が、戦争のために増加した政府証券に対する市場を拡大するとともに、流通性の乏しい州法銀行券に替えて安定した全国的通貨を供給することが必要となっていた米国の南北戦争後の状況と酷似しており、政府証券を担保として預託したうえで全国的通貨を発行することによる事態解決の可能性が注目されたことによると論じている。

13　参議兼大蔵大輔大隈重信と大蔵少輔井上馨は、すでに当該建議が到着する前の1871年１月２日付伊藤博文宛書簡の中で、価値の安定した通貨を供給すべく正貨兌換の銀行券を発行する銀行、すなわち金券銀行である「バンクオブジャパン」を設立するとともに、太政官札については順次公債への引き換えを行い消却する旨の構想を述べている（日本銀行百年史編纂室編 1982）。また、同年４月２日付の伊達・大隈・井上・吉田（太郎）の連名による伊藤宛書簡においても、紙幣発行会社を設立し公債を基礎として紙幣を発行させても時価によって真貨と交換されることになり、「真貨換用法に刻苦従事の道薄く相成」との批判的な考え方を示していた（大蔵省内明治財政史編纂会編 1939）。

かろう」（阪谷編 1900：p.480）といった意見が政府内において次第に強くなっていった[14]。このような状況の下、当時大蔵大輔であった井上馨は、「既に伊藤が米国に於て充分取調たる上にて見込を付けて来たのだから先づ此法で銀行を起して見たら宜からう。殊に米国に適例のあることなら、日本の銀行は寧ろ各地方に小さく創立させるが適当であらうと云ふ論旨」（阪谷編 1900：p.481）により、吉田清成による英国の大銀行主義を導入すべきとの主張を退け、米国の小銀行主義を採用したのである[15]。

　不換紙幣を整理するためには、それを公債に転換するための制度が整備される必要があるが、これより先、1869 年 5 月、政府は未交換の不換紙幣を回収するため、国立銀行制度とは別に不換紙幣を公債化することをすでに決定していた。この太政官布告は、当時流通性を欠き減価の著しかった太政官札の価値を安定化させるため、1872 年中にこれを正貨である新貨幣と兌換し、未だ兌換が済んでいないものについては翌 1873 年より年 6 分の利子を付することを約束した内容であった。

　しかしながら、太政官札の公債化に関する具体策は未だ明示されておらず、折からの財政難により引換公債証書の発行による不換紙幣の回収は実現されないままであり、単に巨額の公債を発行しただけでは通貨の減少を図れても公債価格の下落は避けられないため、政府は公債証書を抵当として兌換紙幣を発行する新たな銀行の設立の必要性に迫られることとなったのである。

　この点について、明治財政史に「而して其最も国立銀行条例の制定を急ならしめしものは政府発行紙幣の銷却処分なりとす初め政府は歳入の欠乏を補

14　高垣（1970）は、1871 年 6 月 5 日、当時の大蔵権大丞の渋沢栄一が、伊藤博文および井上馨と連著のうえ在米中の中島信行に宛てた書簡の中で、会社紙幣の製造について契約を締結するよう指示をしていることから、紙幣の発行会社である銀行についてもある程度の合意ができつつあったと論じている。
15　1871 年 11 月に至って、国立銀行論者は「其主張に係る紙幣兌換主義を改めて正貨兌換と為すことを諾し」、また金券銀行論者は「公債証書を抵当として銀行紙幣を発行する計画に対する攻撃を控え」、双方が歩み寄ることとなったため、伊藤の建議が採用されて議論の決着をみた。これにより、国立銀行は公債預託制度に基づく銀行券を発行するものの、高率の正貨準備の保有を義務づけられて価値の安定の確保が図られることとなった（大蔵省内明治財政史編纂会編 1939）。

填せんか為め明治元年より同5年までに紙幣を発行すること八千万余円に上れり而して紙幣発行のことたる政府の最も好まざる所なりしと雖も歳出逐年増加し歳入之に応ずること能はざりしに由るものにして今や会計の前途に付事態頗る容易ならざるに至れり」（大蔵省内明治財政史編纂会編 1939：p.2）と、困窮を極める当時の財政および通貨事情が述べられている。

　このように、悪化の一途を辿る財政状態に伴い不換紙幣の整理・回収処分が喫緊の課題となったことが、国立銀行設立の最も重要な要因の1つとなったのである。

2　地域金融の円滑化による殖産興業

　しかしながら、国立銀行が設立された理由は、「単に不換紙幣の整理のみにあらずして又為替会社の後を承けて新に鞏固なる銀行を設立し、資金の疏通を円滑にし殖産貿易を旺盛にして富強の実を挙げん」（渋沢青淵記念財団竜門社編 1955b：p.584）とのねらいによるものであった。

　金融の疏通による殖産興業が国立銀行設立の最も重要な要因の1つであったことは、その設立に関して繰り広げられた論争における対立の焦点にも見出される。すなわち、吉田清成の提案による英国流の「ゴールドバンク（金券銀行）」構想が、新しい銀行券を正貨兌換制として通貨価値の安定を重視する立場にたったものであったのに対して、伊藤博文の提唱する米国流の「小銀行主義」による銀行設立の建議が、政府紙幣を含む通貨兌換制として殖産興業の観点から円滑な資金供給を重視する内容であったため、このようなそれぞれのスタンスの違いが論争における対立の焦点となったのである。

　政府が行った1869年6月の版籍奉還や1871年7月の廃藩置県といった改革は、二百数十に及ぶ諸大名を滅亡させることとなり、専らこれらの諸大名に対する金融に従事していた両替商などの富豪の多くは破綻することとなった。加えて、半官半民的で共同経営に不慣れな為替会社の経営が破綻することとなった[16]ため、為替会社の貸付業務を通じて信用制度の発展を促し金融

の疎通を図るといった政府の金融通貨政策は遂にその目的を果たすことはなく、明治維新期の金融機能は麻痺状態に陥ってしまった。

　一方、当時の経済情勢は、「一般商工業界は、維新以来興業への気運漸く高まりしが上に、政府の保護干渉政策また之を助けたれば各種の企業は諸方に勃興して、資本の運転機関を設くることの必要漸く痛切なるものあり」（渋沢青淵記念財団竜門社編 1955b：p.567）といった状況であった。明治新政府による保護干渉政策も相俟って一般商工業界において興業への気運が高まり各種の企業が全国各地に勃興したため、資本の運転機関を設立することが必要とされたのである。

　また、当時の主任者である大隈重信や井上馨の胸裏には、「租税も現米の徴収は止めたか宜からうと云ふ考も起て居りましたし、好し其徴収法は今日直に改正し得られぬまても其運搬法といふものは速に改正しなけれは甚た不利益てあると云ふ評議も起って居た又其租税を正米て上納するとも又は石代納にするとも人民に其自由を與へやうと云ふ考案も起て居たそこて此の租税法を改正するには其米穀を商人の手にて取り捌くと云ふ道を付子はならぬ之を付けるには金融を付ける方法かなくては商賣か都合能く進む譯には行くまい」（阪谷編 1900：p.479）との考えがあった。

　特に、井上は「力めて国家の政費を節約して財政を鞏固にせねばならぬ、殊に廃藩置県後日も浅いから財政も鞏固でない、これから商工業をなるたけ進展するようにし追々に国富を増さなければ歳入も増す訳にはいかぬ、今日の如く農租だけで商工税の少額なるは完全の財政でない、畢竟輸出入貿易が

16　民間の経済活動を保護・育成し、歳入の拡大を図るため、1869 年 2 月に貿易や商業、金融の管理機関としての通商司が設立された。この通商司の管理・監督の下、内外の商業や貿易の振興、取引の仲介に取り組む「通商会社」ならびに通商会社が必要とする資金を融通してその活動を支援する「為替会社」が民間に設立された。当時、民間における合資組織のあり方やその経営に関する認識は未だ不十分であったため、為替会社は近代的金融業務に相応しい人材を得ることができず自主独立の私営的性格を欠くこととなり、業務運営上様々な支障をきたした。そしてさらに、1871 年 7 月政府が行政組織の整理方針により通商司を廃止したことで政府の後ろ盾を失ったことから、翌 1872 年に国立銀行条例が制定されたのを機として、解散もしくは国立銀行への転換といった選択を余儀なくされることとなった。

少いから海関税も取れない、かような有様では国の富を進める訳にはいかぬ、よろしく欧米に倣うて農租のほかに商工業の税とか海関税とかいうものが多きを占めるようにしなければならぬ、それについては実業の発達を図るほかはない」（渋沢述 1985：p.235）と主張し、新政府の脆弱な財政基盤を早急に強化する意味からも円滑な資金供給を通じて民間の商工業の発展を推進することを国政の最も重要な課題として認識していたのである。

商工業や貿易の振興を通じて殖産興業政策を推進するためには、何よりもまず金融の疏通を図り資金の創出をもって、全国各地の起業ならびに商工業振興ニーズに応えることが必要であった。そのためには、社会経済のインフラストラクチャーである金融制度の近代化は避けて通れない国家の重要課題であり、近代的な銀行制度の確立は殖産興業政策を推進する政府のみならず、全国各地で興業機運が高まっていた民間部門も希望するところであった[17]。

このような状況の下、政府が 1872 年 11 月に国立銀行条例を公布したことを受けて、1873 年 7 月にわが国最初の銀行業として、第一国立銀行が東京で開業した[18]。この条例布告を受けて 1 年半余りの間に設立された国立銀行は、主に三井と小野の出資による東京の第一[19]、そして横浜為替会社から転じた横浜の第二[20]、新潟の大地主である市島家を中心とする新潟の第四[21]、鹿児島県士族によって設立された大阪の第五[22]の 4 行である[23]（表 1-2）。

国立銀行条例の前文には、「貨幣流通の宜を得、運用交換の際に梗阻の弊

17　1871 年の末頃から私立銀行や銀行類似会社の開業など民間で金融機関を設立する計画が相次いだ。政府の許可を得ずして銀行類似業務を行うものが全国各地に現れたのみならず、1871 年 12 月には、東京会議所の会員が紙幣発行の特権を有する東京銀行の設立を発起した他、豊岡県における浚疏会社や鳥取県における融通会社、滋賀県における江州会社、そして三井組「バンク」、小野組「バンク」など、銀行の設立を申請する動きが全国各地で活発化した。
18　政府は新たな金融機関である国立銀行の設立に際しては、規則の不備といった準備不足や企業組織の共同経営に失敗した為替会社の二の舞となることを未然に回避するため、事前に完全な近代的銀行制度を確立することが必要であるとの認識から、まず完全な銀行法規の整備を優先した。
19　当時大蔵大丞であった渋沢栄一は大蔵大輔井上馨に諮り、江戸時代より両替商として重要な地位を占めていた三井組や小野組等に対して近代的銀行の設立を勧奨した。1871 年暮れの大隈参議、井上大蔵大輔、渋沢大蔵大丞等の勧めにより、翌 1872 年、三井家はその子弟や手代等を銀行業の見学のため米国に留学させている（第一銀行八十年史編纂室編 1957）。

表 1-2　わが国最初の国立銀行

単位：千円

銀行名	地名	開業日 年月日	資本金	紙幣発行 許可額
第一国立銀行	東京	1873（明治6）年 7 月 20 日	2,500	1,500
第二国立銀行	横浜	1874（明治7）年 8 月 15 日	250	150
第四国立銀行	新潟	1874（明治7）年 3 月 1 日	200	120
第五国立銀行	大阪	1873（明治6）年 12 月 10 日	500	300

出典）明石・鈴木（1957）

なからしむるは物産蕃殖の根軸にして富国の基礎に候」（大蔵省内明治財政史編纂会編 1939：p.31）と明記されており、金融の疏通が国立銀行の重要な使命として位置づけられていた。「富国強兵」と「殖産興業」が国是とされた当時において、大蔵省や条例立案の担当であった渋沢栄一は[24]、貨幣流通を通じて金融の円滑化を図ることを条例の基本的な目的に据えたのである。

　また、第一国立銀行の株式募集に関する広告文にも、条例前文と同様、円滑な資金供給が銀行の最も重要な機能である旨明記されている。すなわち、「そもそも銀行は大きな川のようだ。役に立つことは限りがない。しかしま

20　設立に際し、従来為替会社へ貸下げていた政府金 15 万円のうち 4 万円を即納のうえ、残額の返却を免除された。当時の株主のほとんどは横浜商人であった。その後、原善三郎、茂木惣兵衛、下田善太郎、樋口登久次郎等が活躍したが、預金および貸出の多くが原合名会社関係であったため、1927 年 4 月の金融恐慌においても深刻な取り付けに直面することはなかった。しかしながら、深刻な不況の下、先手を打つ形で銀行整理を決断し、1928 年 4 月、現在の横浜銀行の前身である横濱興信銀行に預金全額とこれに相当する資産を引き継ぎ清算を行った（横浜銀行行史編纂委員会編 1961）。

21　新潟県令楠本正隆ならびに参事松平直政等は、他の府県に先駆けて国立銀行の設立を企図し、県内各地の有力者を集めて、「凡そ貨幣流通の法、其宜しきを得て運用交換の際に渋滞梗塞の弊なからしむるは物産の繁殖、国家富強の基たるは勿論なりと雖も従来我が国に於ける為替両替等の事業を見るに方法精確ならざるもの多く未だ十分の効果を挙げず。故に今回政府が特に国立銀行創立の方法を裁定して農工商三業の進歩発達を企図せられし所以なるは布告に徴して明かなり」といった趣旨の説明を行った（第四銀行編 1956）。

22　伊丹（1959）は、当時の国立銀行 4 行のうちで唯一士族によって設立されたものであったと指摘している。その資本金の大部分は県庁、すなわち島津家からの出資によるものであり、歴代の頭取や役員等経営の任に当たった者の多くが島津家の旧家臣であった。また、営業面においては士族の生活保護の観点から、預金よりも士族への貸出が主であった。本店は倉屋敷のある大阪に、また東京支店を江戸屋敷に設置したものの、設立当初は鹿児島支店が重要な位置づけとなっていた。

23　鴻池善右衛門他 10 名の出願により、大阪に第三国立銀行を設立する計画が作成され、その設立の許可指令が発せられたが、株主総会の紛議によって開業に至ることなく解散した。

だ銀行に集ってこないうちの金は、溝にたまっている水や、ぽたぽた垂れて
いるシズクと変りがない。時には豪商豪農の倉の中にかくれていたり、日雇
い人夫やお婆さんの懐にひそんでいたりする。それでは人の役に立ち、国を
富ませる働きは現わさない。水に流れる力があっても、土手や岡にさまたげ
られていては、少しも進むことは出来ない。ところが銀行を立てて上手にそ
の流れ道を開くと、倉や懐にあった金がよりあつまり、大変多額の資金とな
るから、そのおかげで貿易も繁昌するし、産物もふえるし、工業も発達する
し、学問も進歩するし、道路も改良されるし、すべての国の状態が生れ変っ
たようになる。」(渋沢 1998：pp.79-80) という内容である。このように、広く
銀行に資金を集めてこれらの資金を様々な分野に円滑に供給することによっ
て、貿易や商工業などの発展のみならずひいては国富の増進に資することが
銀行の重要な役割であることを一般大衆に広告したのである。

　その後、1876 (明治9) 年8月に政府が銀行紙幣の正貨兌換の中止をはじめ
とする内容に国立銀行条例を改正した際にも、国立銀行設立の当初の目的で
あった紙幣整理にはそぐわないものの、金融の疏通を図ることに重点を置い
て条例を改正したのである。当時、世界的な銀価下落による貿易の入超と海
外への金の流出が、金貨の兌換義務を負う国立銀行券に対する兌換請求を多
発させてその流通を阻害した[25] ため、正貨準備は瞬く間に底をつき国立銀行

24　渋沢栄一は国立銀行条例の調査立案に際して、London and Westminster Bank (現在の The
　　Royal Bank of Scotland Group 傘下の NatWest) の支配人であり、銀行学者であった Gilbart に
　　よる銀行員心得なるものを翻訳して、国立銀行成規中の一部に添えて出版した。その心得書の内
　　容の「凡そ銀行業者の事務を処するには、丁寧と遅滞なきとを期すべし。銀行として人に安心を
　　措かしむるは公平と親切とを以てすべし。銀行業者は、錙鉄の利のみを争ふものに非ず。宜しく
　　時事に通暁して常に世態の変遷を観察し、之に処するの考慮なかるべからず」という精神をもっ
　　て渋沢は銀行経営に当たったと述べている (渋沢 1912)。銀行員の心得については、1872 (明治
　　5) 年より大蔵省紙幣頭 (銀行局長に相当) の書記官 (セクレタリー) として銀行業務の指導を
　　行った Shand が簿記の教科書として執筆した『銀行簿記精法』の銀行成規の項の中に、Gilbart
　　による銀行業者に対する訓戒が多数収められていた。渋沢はこれらの言葉は凡庸ではあるが、意
　　味深長で、実践すべき訓戒のみであると語っている (土屋 1966)。なお、Gilbart は、企業が権
　　利を有する一方で社会的責任をも有するといった考えについて英国で最初に提唱した人物でもあ
　　る (Gilbart 1846)。
25　発行されるや否や国立銀行券は兌換請求を受けたため、流通することがなく「遂に其発行すべ
　　き紙幣を空しく庫中に委積するの已むを得ざるに至」った (大蔵省内明治財政史編纂会編 1939)。

は営業資金の不足から経営不振に陥った[26]。このため、当初設立された4行に続いて新たに国立銀行の設立を請願するものが途絶えることとなり、政府紙幣の整理回収が困難になるとともに、金融の杜絶から経済の収縮を招く恐れが生じたのである。

　また、他の要因として、華士族の秩禄処分の問題があった。版籍奉還の際に華族や士族に対して秩禄を与えた[27]が、人口の約6%の規模である士族の禄高が国家収入のおよそ30%と莫大な規模となり、巨額の財政負担を強いることとなった。政府は、この問題の解決を目的として、全ての華士族の家禄を奉還させて当該制度を廃止する[28]ため、1876年8月金禄公債証書発行条例を公布し、有禄者に対して公債を交付することとした。しかし、この公債が巨額にのぼることから、一度に多額の公債を発行すれば市価の下落を招き、華士族の困窮、ひいては国家治安への悪影響も懸念された。そこで、この公債証書の活用による価格維持と、全国各地における殖産興業と士族授産の推進をねらいとして、公債証書を銀行紙幣発行の抵当とすることを許可して新たな銀行の設立を促し、金融の疎通を図ることとしたのである。

　主な改正点は、①銀行紙幣の金貨兌換を廃止すること、②法定最低資本金額を引き下げること、③銀行紙幣の発行限度額を資本金の6割から8割まで

26　このような経営不振を打開するため、1875（明治8）年、国立銀行4行は「銀行紙幣を以て本位正貨と兌換するの制規は、政府紙幣の価格を保足し其銷却を了するの功を奏するに足らざるのみならず、却て金貨の外国に流出するを媒助し尠からざる損失となるべきにより、寧ろ正貨兌換の制度を改め通貨即ち政府紙幣を以て兌換するの制となさんこと」を請願したが、不換紙幣の整理・兌換制度の確立といった国立銀行本務の大趣旨を失うことになるため、政府はこれを受け入れなかった（日本銀行百年史編纂室編 1982）。

27　新政府は1869年6月版籍奉還を命じて大名の領地領民の支配権を国に返上させて、大名を華族に、また藩士を士族に改めるとともに、旧大名や藩士等に対して石高に代わる家禄を、また王政復古の功労者に対しては賞典禄を与えた。

28　当時、士族の一部は依然として社会の指導的な役割を果たしていたため、政府は一気に禄を廃止することは行わず、徐々に禄を廃止する方針を採った。1873（明治6）年12月秩禄奉還により、家禄が100石未満のもののみ奉還を許し、ロンドンで公債を募集・発行し、奉還者に対して禄の数ヵ年分相当の現金と公債を産業資金として与えた。また、翌1874年には秩禄公債を発行して100石以上のものも整理し、1876（明治9）年8月には金禄公債証書発行条例を公布して数ヵ年分の禄を金禄公債で与え、禄制を完全に廃止した。これに伴い士族の大部分は失業し経済的な苦境に陥ったため、職を与えるべく「士族授産」が進められた。

表 1-3　資本金規模別国立銀行数

単位：行

資本金	10 万円未満	10 万円以上 20 万円未満	20 万円以上 50 万円未満	50 万円以上 100 万円未満	100 万円以上	合計
銀行数	71	47	31	2	2	153

備考）設立許可当時の資本金額による
出典）大蔵省内明治財政史編纂会編（1939）

引き上げること、④銀行紙幣の準備額を資本金の 4 割から 2 割まで引き下げること、⑤紙幣発行の抵当公債証書の範囲を拡大し、金札引換公債証書に加えて新公債証書や金禄公債証書も対象とすること、などであった。特に、当初の国立銀行条例においては、銀行設立の際に必要となる最低資本金額が銀行設立地域の人口に応じて定められていたが、その条件を緩和して小規模な国立銀行の設立を容易にしたため、当時のインフレーションの進行とも相俟って全国各地で国立銀行の設立が相次ぐこととなった[29]（表 1-3）。

　1879（明治 12）年 11 月、京都に第百五十三国立銀行が設立されたことにより、条例に定められた国立銀行の発行紙幣総額の限度額にほぼ達したため、以降の国立銀行の設立が禁止されることとなった。先発の 4 行を含め総数 153 行の国立銀行が全国各地に設立されたその様は、比較的小規模の国立銀行が「各地に割拠し互に群雄対峙の状」（日本銀行調査局編 1958：p.992）をなすが如くであった（表 1-4）。

　一方で、改正国立銀行条例は、旧条例の政府紙幣を兌換紙幣に代える目的を放棄して不換紙幣を発行する内容であったため、政府紙幣の過剰発行に加えて銀行紙幣の過剰発行をももたらすこととなり、通貨価格の下落を招いた。特に、1877（明治 10）年に勃発した西南戦争の軍事費調達のための政府不換紙幣や国立銀行券の増発は社会不安を伴う経済的危機を誘発することとなり、

29　政府は当初国立銀行の設立を勧めたが、それが発券銀行であることを考慮して、国立銀行の資本金総額を 4000 万円、銀行紙幣総額を 3442 万円と定めた。

表1-4　所在地別国立銀行数

府県	銀行数	資本金(円)	府県	銀行数	資本金(円)
北海道	2	280,000	滋賀県	2	350,000
青森県	2	250,000	京都府	4	380,000
岩手県	2	150,000	大阪府	11	1,620,000
宮城県	1	250,000	兵庫県	6	480,000
秋田県	1	50,000	奈良県	1	80,000
山形県	5	400,000	和歌山県	1	200,000
福島県	6	460,000	鳥取県	2	270,000
茨城県	4	350,000	島根県	2	180,000
栃木県	1	200,000	岡山県	2	130,000
群馬県	2	500,000	広島県	2	260,000
埼玉県	1	200,000	山口県	2	650,000
千葉県	4	365,000	徳島県	1	200,000
東京都	17	22,736,100	香川県	2	200,000
神奈川県	4	670,000	愛媛県	3	240,000
新潟県	5	620,000	高知県	3	350,000
富山県	1	80,000	福岡県	4	335,000
石川県	3	340,000	佐賀県	2	350,000
福井県	4	270,000	長崎県	3	260,000
山梨県	1	150,000	熊本県	3	200,000
長野県	5	430,000	大分県	3	180,000
岐阜県	6	340,000	宮崎県	2	100,000
静岡県	5	360,000	鹿児島県	1	400,000
愛知県	4	420,000	沖縄県	1	100,000
三重県	4	350,000	合計	153	

備考）設立許可当時の銀行数、資本金額による
出典）大蔵省内明治財政史編纂会編（1939）

　その後政府は紙幣消却によるインフレーション収束への政策転換を迫られることとなった。1881（明治14）年に大蔵卿に就任した松方正義は、紙幣価値の下落や正貨の欠乏、輸出入の不均衡、産業の未発達などの財政経済問題を克服するためには貨幣運用の機軸を定める必要があるとの認識の下、中央銀行の設立に取り組んだ。このような経緯は、国立銀行設立当初の目的の１つであった不換紙幣の整理がままならず、1882（明治15）年の日本銀行設立に委ねられる結果となった[30]ことを示しているといえよう。

30　国立銀行の紙幣発行権を日本銀行に集中することにより、流通通貨の日本銀行兌換券への統一化が図られた。

第4節　リレーションシップバンキングの原型

　全国各地に設立された総数153の国立銀行のうち、東京の第一国立銀行（後の第一銀行、現在はみずほ銀行[31]）や第三国立銀行（後に安田銀行に合併され、現在はみずほ銀行）などの50行が、その後合併や買収等を経て都市銀行に発展した一方で、横浜の第二国立銀行（現在の横浜銀行）や新潟の第四国立銀行（現在の第四北越銀行）など70行にのぼる多数の国立銀行が今日の地方銀行として存続している[32]。その他、都市銀行と地方銀行の双方に継承されたものが3行、破産や解散等により現存しないものが30行となっている（表1-5）。

　全国地方銀行協会（1961）によると、これらの国立銀行の設立主体は大きく4つに分類される。すなわち、①秩禄処分の決定後、士族が中心となってその授産を目的に設立した国立銀行[33]、②旧藩士と旧御用商人が協力して士族の授産を目的に設立した国立銀行[34]、③各地域の商人や地主などの富豪が中心となって設立した国立銀行[35]、④地場産業の振興を図るため地元の産業家が中心となって設立した国立銀行[36]、である。

　特に、地元の商人や地主などが中心となって設立した全国各地の国立銀行は、地場産業の資金需要に応じることによって、その発展を支え地域経済の活性化の一翼を担ったのである。例えば、静岡地域においては茶や生糸など

31　旧みずほ銀行と旧みずほコーポレート銀行は2013年7月1日に合併し、現在のみずほ銀行となった。

32　現在の地方銀行に継承された70行には、1937年に業務廃止となり本支店土地建物等が紀陽銀行と田辺銀行に譲渡された亀山の第百十五国立銀行が含まれている。

33　大阪の第五国立銀行や岡山の第二十二国立銀行、高知の第三十七国立銀行、前橋の第三十九国立銀行、館林の第四十国立銀行、松山の第五十二国立銀行、津和野の第五十三国立銀行、鳥取の第六十五および第八十二国立銀行、郡山の第六十八国立銀行、松江の第七十九国立銀行、仙台の第七十七国立銀行、山口の第百十国立銀行、大垣の第百二十九国立銀行、旧土佐藩士によって設立された銀行類似会社である三津輪商社から発展した第五十国立銀行、旧高松藩士の授産社である信立社から発展した第百十四国立銀行などがある。

34　旧福岡藩の士族と博多や甘木などの商人が中心となって設立した第十七国立銀行や長岡の第六十九国立銀行、東京の第百国立銀行、彦根の第百三十三国立銀行などがある。

表1-5　国立銀行の継承経緯

国立銀行	継承普通銀行	参　考 （買収・合併・破産等の経緯）	現存継承銀行
東京第一	第一	第一勧業⇒	みずほ
横浜第二	第二		横浜
東京第三	第三	富士⇒	みずほ
新潟第四	新潟		第四北越
（最初大阪）東京第五	第五	三井⇒	三井住友
福島第六（後東京）	肥後	富士⇒	みずほ
高知第七	第七		四国
豊橋第八	1886年名古屋第百三十四へ合併	東海⇒ UFJ ⇒	三菱 UFJ
熊本第九	第九	富士⇒	みずほ
山梨第十	第十		山梨中央
名古屋第十一	第十一	東海⇒ UFJ ⇒	三菱 UFJ
金沢第十二（後富山）	十二		北陸
大阪第十三	鴻池	三和⇒ UFJ ⇒	三菱 UFJ
松本第十四	第十四	（1918年破産確定）	―
東京第十五	十五	三井⇒	三井住友
岐阜第十六	十六		十六
福岡第十七	十七		福岡
長崎第十八	十八		十八
上田第十九	第十九		八十二
東京第二十	二十	第一勧業⇒	みずほ
長浜第二十一	二十一		滋賀
岡山第二十二	二十二	富士⇒	みずほ
大分第二十三	二十三		大分
飯山第二十四	（1882年鎖店）		
小浜第二十五	二十五	福井、三和（⇒ UFJ）⇒	福井、三菱 UFJ
大阪第二十六	（1883年鎖店）		
東京第二十七	第二十七	（1920年東京渡辺銀行⇒1928年破産宣告）	―
浜松第二十八	1889年静岡第三十五へ合併		静岡
川ノ石第二十九	第二十九		伊予
東京第三十	三十	三和⇒ UFJ ⇒	三菱 UFJ
若松第三十一（後津川）	1888年大阪第百四十八へ合併	三井⇒ UFJ ⇒	三菱 UFJ
大阪第三十二	浪速	三井⇒	三井住友
東京第三十三	（1892年鎖店）		
大阪第三十四	三十四	三和⇒ UFJ ⇒	三菱 UFJ
静岡第三十五	三十五		静岡
八王子第三十六	第三十六	富士⇒	みずほ
高知第三十七	高知		四国
姫路第三十八	三十八	神戸⇒太陽神戸⇒太陽神戸三井⇒	三井住友
前橋第三十九	三十九		群馬
館林第四十	四十	第一勧業⇒	みずほ
栃木第四十一	四十一	第一勧業⇒	みずほ
大阪第四十二	北浜	三和⇒ UFJ ⇒	三菱 UFJ
和歌山第四十三	四十三	南都、紀陽、三和（⇒ UFJ）⇒	南都、紀陽、三菱 UFJ
東京第四十四	1882年東京第三へ合併	富士⇒	みずほ
東京第四十五	（1898年満期解散）		―
多治見第四十六（後名古屋）	愛知実業	（1927年愛知農商が買収⇒1933年破産）	―
八幡第四十七（後富山）	第四十七		北陸
秋田第四十八	四十八		秋田
京都第四十九	第四十九	第一勧業⇒	みずほ
土浦第五十	土浦五十		常陽
岸和田第五十一	五十一	住友⇒	三井住友
松山第五十二	五十二		伊予
津和野第五十三	第五十三		山陰合同
沼津第五十四	1882年静岡第三十五へ合併		静岡
出石第五十五	五十五	神戸⇒太陽神戸⇒太陽神戸三井⇒	三井住友
明石第五十六	五十六	神戸⇒太陽神戸⇒太陽神戸三井⇒	三井住友
武生第五十七	第五十七		北陸
大阪第五十八	第五十八	富士⇒	みずほ

弘前第五十九	第五十九		青森
東京第六十	（1898 年満期解散）		
久留米第六十一	六十一	住友⇒	三井住友
水戸第六十二	水戸六十二		常陽
松代第六十三（後稲荷山）	六十三		八十二
大津第六十四	大津	（1908 年近江が買収⇒ 1928 年昭和⇒ 1944 年安田⇒ 1948 年富士⇒）	みずほ
鳥取第六十五（後兵庫）	第六十五	神戸⇒太陽神戸⇒太陽神戸三井⇒	三井住友
尾ノ道第六十六	第六十六		広島
鶴岡第六十七	六十七		荘内
郡山第六十八	六十八		南都
長岡第六十九	六十九	（1942 年六十九銀行と長岡銀行が合併し、長岡六十九銀行⇒ 1948 年北越銀行に改称）	第四北越
淀第七十	第七十	1909 年大雄⇒ 1912 年黒羽商業⇒ 1937 年足利	足利
村上第七十一	村上		第四北越
酒田第七十二（後佐賀）	佐賀	（1913 年古賀⇒ 1933 年任意解散）	
兵庫第七十三	第七十三	（1931 年業務廃止）	
横浜第七十四	横浜第七十四		横浜
金沢第七十五	1886 年東京四十五へ合併	（1898 年営業満期解散）	
高須第七十六	七十六		大垣共立
仙台第七十七	七十七		七十七
中津第七十八（後八王子）	八王子第七十八	（1909 年任意解散）	
松江第七十九（後大阪）	第七十九	（1901 年破産）	
高知第八十	第八十		四国
山形第八十一	両羽		山形
鳥取第八十二（後東京）	八十二	富士⇒	みずほ
伊賀上野第八十三	八十三		百五
大聖寺第八十四（後東京）	八十四	富士⇒	みずほ
川越第八十五	第八十五	埼玉⇒	埼玉りそな
高梁第八十六	八十六		中国
大橋第八十七（後門司）	八十七	富士⇒	みずほ
一ノ関第八十八	第八十八		岩手
徳島第八十九	八十九	（1909 年任意解散）	
盛岡第九十	第九十		岩手
福井第九十一	第九十一		北陸
福井第九十二	第九十二	（1921 年京和貯蓄⇒ 1930 年消滅）	
三春第九十三	三春		東邦
竜野第九十四	九十四	神戸⇒太陽神戸⇒太陽神戸三井⇒	三井住友
東京第九十五	九十五	1911 年百三⇒ 1913 年農商⇒ 1914 年紀阪⇒ 1921 年紀阪貯蓄⇒ 1925 年山口⇒ 1933 年三和⇒ UFJ ⇒	三菱 UFJ
柳河第九十六	柳河		福岡
小城第九十七	（1899 年満期解散）		
千葉第九十八	第九十八		千葉
平戸第九十九	第九十九	（1941 年親和銀行が買収）	十八親和
東京第百	第百	三菱⇒東京三菱⇒	三菱 UFJ
梁川第百一	第百一	（1931 年破産宣告）	
厳原第百二（後長崎）	百二	（1897 年任意解散）	
岩国第百三（後神戸）	1897 年日本商業へ合併	1923 年保善に合併⇒ 1923 年安田⇒ 1948 年富士⇒	みずほ
水戸第百四	水戸百四		常陽
津第百五	百五		百五
佐賀第百六	佐賀第百六	佐賀、住友⇒	佐賀、三井住友
福島第百七	第百七	（1934 年任意解散）	
須賀川第百八	（1883 年鎮店⇒ 1887 年解散）		
佐伯第百九	百九		大分
山口第百十（後下ノ関）	百十		山口

京都第百十一	(1898年官命鎮店)		—
東京第百十二	第百十二	(1900年任意解散)	
函館第百十三	百十三	1928年北海道銀行（後の北海道拓殖銀行）に合併される⇒1997年北海道拓殖銀行が経営破綻し、翌年北洋銀行および中央信託銀行へ事業を譲渡	(北洋)
高松第百十四	高松百十四		百十四（紀陽）
亀山第百十五（後大津）	湖南	1908年百十五⇒1923年日高へ合併⇒1937年業務廃止：本支店土地建物等を紀陽と田辺に譲渡のうえ、紀南㈱に改組し債権債務整理	
新発田第百十六	新発田		第四北越
飯田第百十七	第百十七		八十二
東京第百十八	1880年半田第百三十六へ合併	1898年第百三十六⇒1898年百三十⇒1923年保善⇒1923年安田⇒1948年富士⇒	みずほ
東京第百十九	1885年郵便汽船三菱会社が継承	1886年三菱社⇒1895年三菱合資会社銀行部を設置し移譲⇒東京三菱⇒	三菱UFJ
古河第百二十	古河百二十	(1930年解散)	
大阪第百二十一	百二十一	三和⇒UFJ⇒	三菱UFJ
桑名第百二十二	第百二十二	(1905年任意解散)	
富山第百二十三	1884年金沢第十二へ合併		北陸
見附第百二十四	1882年静岡第三十五へ合併		静岡
米沢第百二十五	第百二十五		山形
大阪第百二十六	(1882年鎮店⇒1885年解散)		—
丸亀第百二十七（後高知）	1896年高知第三十七へ合併		四国
八幡第百二十八	百二十八		十六
大垣第百二十九	大垣共立		大垣共立
大阪第百三十	百三十	富士⇒	みずほ
大庭第百三十一	1881年大阪第三十二へ合併	三井⇒	三井住友
程ヶ谷第百三十二（後東京）	第百三十二	(1908年任意解散)	
彦根第百三十三	第百三十三		滋賀
名古屋第百三十四	第百三十四	東海⇒UFJ⇒	三菱UFJ
宇土第百三十五	九州商業		肥後
半田第百三十六（後大阪）	百三十六	富士⇒	みずほ
篠山第百三十七	第百三十七	神戸⇒太陽神戸⇒太陽神戸三井⇒	三井住友
二俣第百三十八	第百三十八	1939年浜松へ合併⇒1943年静岡へ合併	静岡
高田第百三十九	第百三十九		第四北越
山形第百四十	1881年鶴岡第六十七へ合併		荘内
西条第百四十一	西条		広島
銚子第百四十二	1881年大阪第三十二へ合併	三井⇒	三井住友
八街第百四十三	1880年東京第三十へ合併	三和⇒UFJ⇒	三菱UFJ
飫肥第百四十四	飫肥	(1907年日州⇒1928年日向中央⇒1937年任意解散)	
延岡第百四十五	延岡		宮崎
広島第百四十六	広島		広島
鹿児島第百四十七	第百四十七		鹿児島
大阪第百四十八	山口	三和⇒UFJ⇒	三菱UFJ
函館第百四十九	1885年東京第百十九へ合	三菱⇒東京三菱⇒	三菱UFJ
八戸第百五十（後東京）	第百五十		東邦
熊本第百五十一	百五十一	(1902年任意解散)	—
沖縄第百五十二	第百五十二	(1901年任意解散)	—
京都第百五十三	1886年京都第百十一へ合併	(1898年官命鎮店)	—

備考）現存継承銀行が存在しないものを中心に解散や破産等の経緯を参考欄に記載
出典）東京銀行協会調査部・銀行図書館編（1998）より作成

　の農産物をはじめ海産物にも恵まれたため、農業や商業が早くから発達し、

特に1859（安政6）年の開港と同時に茶商が横浜に進出して群馬や甲州等の

生糸商とともに横浜の貿易を担った。このような地域の経済構造を反映して、茶の産地の発起人などが中心となって設立した静岡第三十五国立銀行は、静岡茶の輸出増強やその他県内産業の発展を支えた。また、川越地方においては、暢業社が埼玉県で最初に器械製糸を導入するなど、座繰製糸を主流とする製糸業が盛んであった。川越第八十五国立銀行は、その構内に製糸工場や原料繭の共同購入・共同出荷などを行う暢業会社を設立させるなど、生糸金融を通じて地場産業の発展に尽力した。このような事例は、蚕糸業を中心とする商品流通経済が発達し、蚕種や生糸等の生糸関連の資金需要が旺盛であった松本の第十四国立銀行や上田の第十九国立銀行、福島の第百七国立銀行などにおいてもみられる。その他、全国の市場に直結した輸送網のインフラ整備を目的として宇品築港を積極的に支援した広島の第百四十六国立銀行や貿易の盛んな地域特性を反映し、自行取組の荷為替品に限った海上保険業務を早くから扱った長崎の第十八国立銀行などの事例があげられる。

　さらに、以上の4区分からなる設立主体に加えて、銀行設立に際して全国各地の地方自治体が重要な役割を果たした。例えば、仙台の第七十七国立銀行の場合、宮城県令が士族授産を勧奨する方法を検討するため士族会議を開催し、金禄公債の保存を目的として士族結社を設立したが、その事業として銀行設立案を策定したことが起源となって第七十七国立銀行が開業するに至った。また、第二十三国立銀行の前身である大分の登高義社は、県民の勤倹

35　特に商人が中心となって設立した国立銀行は、大阪といった商都や新潟、長崎、横浜などの開港場に多数設立された。商業の中心地である大阪には、1877（明治10）年に両替商である鴻池家が第十三国立銀行を、また同じく両替商の山口家が1879（明治12）年に第百四十八国立銀行を設立した他、地元の富商が1878（明治11）年に第三十四国立銀行を設立した。その後、新潟では大地主が中心になって第四国立銀行を設立し、また横浜では生糸商人が中心となって設立した横浜為替会社が国立銀行条例の改正とともにこれが母体となって1874（明治7）年第二国立銀行へと発展した他、1878年に同じく生糸商人が第七十四国立銀行を設立した。この他、銀行類似会社である共立社を礎石とする高知の第七国立銀行や名古屋の第十一国立銀行、長崎の第十八国立銀行、松本の第十四国立銀行や上田の第十九国立銀行、長浜の第二十一国立銀行、静岡の第三十五国立銀行、尾道の第六十六国立銀行、川越の第八十五国立銀行、福島の第百七国立銀行なども商人や地主が中心となって設立した銀行である。

36　地元の織物業者や地主などが中心となって設立した岐阜の第十六国立銀行や陶磁器の集散地であった多治見に地元の陶器業者が中心となって設立した第四十六国立銀行などがある。

貯蓄の精神を滋養することをねらいとして県令の勧奨により地元の富商が設立したものであった。その他、新潟県令楠本正隆が新潟地方の物産の繁殖ならびに商工業の振興を図るため地元有力者に対して銀行設立の必要性を訴え、その株式募集に際して各地方の戸長の協力を得る体制をとった第四国立銀行の例がある。

　以上から、わが国の国立銀行創生期における特徴として、以下の点を指摘することができる。すなわち、①国立銀行は、その設立主体に違いはあるものの、いずれも士族や商人、地主などの地域社会の有力者が中心となって、地域産業の育成や地元商工業の振興など地方の殖産興業をねらいとして設立したものであること、したがって、②国立銀行は、金融の円滑化を通じて地域経済の発展に貢献し地域社会との共存共栄を志向する地域金融機関であり、その多くが今なお地方銀行として存続していること、そして、③国立銀行と同様、地域社会の担い手である地元自治体が地域経済の活性化に向けてその設立を積極的に支援したこと、である。

　このように、全国各地に設立された国立銀行は、地縁・人縁を中心とする地域社会との濃密な関係を有しており、これらのネットワークを活かしながら地域金融の円滑化を図り、地場産業や地元商工業の発展を支えることを経営の基本方針としていたのである。したがって、国立銀行は地域経済と密接不可分の存在であり、地域社会との共存共栄を志向するといった運命共同体的側面を有している。この点にこそ、わが国の地域金融機関の存在意義ならびにリレーションシップバンキングの原型を見出すことができるといえよう。このような主要行とは異なる地域金融機関の役割の重要性や存在意義については、2003年3月の金融審議会報告「リレーションシップバンキングの機能強化に向けて」の中で確認されたところであり、その基本的認識は2004年12月に金融庁より公表された「金融改革プログラム―金融サービス立国への挑戦―」にも受け継がれている[37]。

　すなわち、地域金融機関は、①地縁・人縁といった地域社会との密接な関

係を有し地域社会の事情に通じているため、地域社会の諸特性を踏まえた長期継続的な相対取引であるリレーションシップバンキングを的確に行い得ること、②そのような間柄を重視した融資手法や創業・経営支援活動などを通じて新事業の創生や地元企業ならびに地域経済の再生、ひいては地域経済の活性化を担うことが求められること、そして③以上の取り組みを通じて地域社会との一体性が強い[38]地域金融機関自身の健全性や収益性の回復を図り経営改善を実現することが経営の重要課題である旨、明記されたのである。

第5節　地域社会との共存共栄を目指す地域銀行

　明治新政府は、乱発された不換紙幣の整理・回収および地域金融の円滑化による殖産興業を目的として、全国各地に小規模銀行を設立した。これは、当時の新政府が中央集権体制による殖産興業政策を推進する一方で、銀行の設立については全国各地に分散配置するといった米国ナショナルバンクの小銀行主義の考え方を採用したことによるものである。

　全国各地に設立された小規模の国立銀行は、いずれも地域金融の円滑化と地方の殖産興業を目的として、士族や商人、地主、産業家などの地元有力者や自治体が積極的に設立活動に参画したといった共通の特徴を有し、その多数が現在の地方銀行として存続している。また、各地の国立銀行は地域金融機関として、地域金融の円滑化を通じて地元商工業や産業の創出・発展を支えて地域経済の振興を図るとともに、自らも社会経済構造などの経営環境の変化に適応しつつ経営革新を図ることによって地域社会との共存共栄を実現

37　「リレーションシップバンキングの機能強化に関するアクションプログラム」の取組実績等の総括・評価を行ったうえで、事業再生や中小企業金融の円滑化、地域の利用者の利便性向上、を図るための地域特性等を踏まえた新たな計画を策定し、これらの諸施策を「工程表」に沿って着実に実施するよう要請された。

38　内閣府（2006）は、地域銀行（地方銀行64行および第二地方銀行48行）の経営パフォーマンスと経営環境との関係についての実証分析を行い、地域金融機関の経営パフォーマンスは地域の経済構造と切り離せない関係となっていることを確認している。

38

してきたのである。

　このような歴史的経緯は、全国各地の地域金融機関が地域社会において新事業の創生や地元企業の再生、ひいては地域社会の活性化に向けて、「リレーションシップバンキングの機能強化に関するアクションプログラム」に沿って様々な経営課題に取り組んでいる今日の状況と符合するといえる。地域金融機関は地域経済との一体性が強く地域社会との運命共同体的性質を有することから、それぞれの地域経済の諸特性に応じて地元産業や企業の創業・発展に向けた協働を行い地域経済の活性化を図ることが時代を超えて地域金融機関に求められている最も重要な使命である。

コラム１　ある営業店長の１日

20〇〇年□月☆日（月曜日）

　開店前　朝礼を行い、営業店経営の基本方針や業績の進捗状況、顧客対応の好事例の紹介、業務上の留意事項などを全職員に伝える。最近、株式や為替市場が不安定になっているので、金融商品販売担当者をはじめ、その他の職員が理解しておくべき経済情勢や株式市場の動向、その背景等についても要点の解説を行う。

　午　前　すでに予約済みのお取引先Ａ社社長のご自宅に、当社担当の営業課長とともに訪問する。Ａ社は地域の親密なパートナーとして長年おつき合いをさせていただいている地元の法人取引先であり、社長は業務多忙の中でも時間を見つけて地元の小学生に農作業の実習指導を行っている。景気や地域情勢をはじめ、社長の地域貢献に対する思いや、足元の業況などについて懇談する。

　午　後　自動車用部品を製造するＢ社を訪問する。部品納入先である自動車メーカーの好調な新車販売に伴い業績が順調に推移する中、一段の増産体制を構築する経営方針を決定した。長年の取引実績のある当行からの設備投資資金の調達を予定されており、業容拡大に向けた事業計画に基づき提案を行う。また、海外現地法人の売上拡大に伴い現地通貨建ての保有資産が膨ら

んでおり、変動率の高い現地通貨の為替変動リスクの低減を図りたいとのご希望も寄せられる。

夕　刻　帰店した法人営業担当者より、自動車用部品を製造している地元の有力企業が製造能力の拡充を目的に、特殊技術を有する会社の買収を検討しているとの営業報告を受ける。M&A案件であることから、本部の営業開発部門と情報連携を図りながら顧客ニーズに誠実かつ丁寧な対応を行っていく旨確認する。

20 〇〇年□月☆日（木曜日）

開店前　法人営業および預かり資産営業担当者から、顧客対応方針や取組案件の進捗状況などについて報告を受ける。それぞれにアドバイスを行うとともに、必要に応じて協働しながら案件対応を前進させる。

午　前　A社の経理部長が来店される。数年前に経営の効率化を主たる目的として、工場および機械設備一式の投資を行い、海外の現地工場で国内自動車メーカー宛てに汎用部品を製造するようになった。その際、長年にわたり培われてきた信頼関係に基づき、設備投資および運転資金の提供をはじめ、現地の工場用地の紹介や税務、会計、法律、労働環境等に関する情報提供など、A社の海外進出のお手伝いをさせていただいた。今回は本部が情報収集した現地の経済情勢や税務に関する情報を提供する一方、A社の現地工場の稼働状況などについての情報共有を行った。既存の国内工場と併せて現地工場の製造原価報告書や月次精算表の内容を紐解きながら足元の売上高や営業および経常利益、製造経費、商品ごとの部門別採算性およびそれらの今後の見通しなどについて検討を行った。現状、納入先との関係も良好に推移しつつ工場生産は計画通り稼働しており、売上高もリーマンショック前の水準に回復している。

午　後　グローバルに物流業を展開しているC社の本社を営業担当者と訪問する。社長から、ビジネスの拡大を目的としてクライアントの紹介を依頼されていたところ、今般、本部の顧客ネットワーク情報の中から当社が希望する条件に適った候補先数社を選定のうえ、リストを提示しながら各社のプロフィールを説明した。

・1日の仕事の流れ

5:30　　起床。通勤時間は約1時間。

7:40	出社。本日の訪問予定先および来店予定顧客の取組案件の内容などを確認する。
8:20	営業および融資担当者と案件の取組方針についての打ち合わせを行う。
8:45	月曜日は朝礼。
9:00	開店。シャッターを開けてお客さまをお迎えする。
9:30	お取引先の訪問のため外出する。午前中に法人取引先を中心に2〜3件を法人営業担当者とともに訪問。
11:30	帰店。午前中の店内の運営状況などについて報告を受ける。昼食。
13:00	午前中と同様、取引先企業を訪問する。
16:30	帰店。担当者からの報告を受け、対応方針等を確認する。また、営業担当者の案件についての協議や融資案件の進捗状況の確認、稟議書の決裁などを行う。
18:00	終業。可能な限り業務終了後速やかに帰路に就く。

銀行の役割および業務とその機能

第1節　経済社会の心臓としての銀行の役割

　銀行は「お金を安全に保管し、管理する」「預金という運用手段を提供する」「お金を貸し出す」「お金を決済する」ことでビジネスや生活でお金を必要とする人々にお金を融通するなど、様々な役割や機能を果たしながら経済活動に貢献している。すなわち、銀行は個人や企業、国や地方公共団体（自治体）などの間に介在してお金の橋渡しを行うことによって、経済活動を支えているのである。このようなお金の流れが止まってしまうと、経済活動も止まってしまうため、銀行は社会にお金という血液を送り込む心臓のような役割を果たす存在であるといえ、これこそが銀行が経済社会の重要なインフラであるといわれる所以である。

1　預金者のお金を安全に保管し、管理する役割

　銀行がお金を預金として預かることによって、預金を行う人、すなわち預金者は、手元にお金を置いておくことに伴う火災や盗難などのリスクを回避することができ、お金を自宅に保管するために金庫や警備システムを設置するコストも不要となる。一方、銀行は預金の形で預かったお金を企業や個人に融資し、利息をつけて返済してもらうことで資金を運用し、収益を得ることが可能となり、この間、銀行は預金者から預かったお金を安全に保管し、管理する。

2 預金というお金の運用手段を預金者に提供する役割

銀行が預金者から預かったお金を貸出という形で運用することによって収益を獲得し、それを原資として預金に利息をつけて預金者に資金を戻すことから、銀行は預金者に対して、預金という形でお金の運用手段を提供しているといえる。

3 お金を必要とする企業や個人に貸し出す役割

銀行に預けられた預金は、お金を必要とする企業や国、地方公共団体、個人に貸し出される。ビジネスや日々の生活を営むために必要な資金を手元にもちあわせていない企業や個人が、必要とする資金を銀行から調達することができた場合、その見返りとして、銀行に対して利息を支払う。すなわち、銀行は企業や個人が必要とする資金を提供しているのである。

4 お金を決済する役割

銀行は、振り込みや手形・小切手、電子記録債権による資金決済および電気・ガス・水道などの公共料金やクレジットカードの利用代金などの預金口座からの自動引き落とし（口座振替）を行っている。これにより、預金者は代金の支払いや受け取りのために現金を運搬するといった、手間やコスト、あるいは現金盗難のリスクを負担することなく、遠隔地であっても電子情報のやりとりによって速やかに資金の受け渡しを完了させることが可能となる。銀行は、このような支払決済手段を提供することによって、安全で効率的な経済活動を実現している。

第2節 銀行の業務

銀行（普通銀行と信託銀行）は、内閣総理大臣から免許を受けて銀行業を営む、

株式会社組織の金融機関と定義されている（銀行法第 2 条第 1 項、第 4 条第 1 項
および第 2 項、第 5 条）。銀行は、経済の血液である「お金」を社会に供給し、
流通させることで経済活動を支えるといった経済社会の「心臓的役割」を担
っている。それゆえ、銀行が本業以外の業務を行うことで、①他業のために
経営の健全性を損ない、ひいては預金者保護や支払決済機能の観点から問題
を招き、②経営不振企業に社債を発行させて、それによる調達資金で不良な
貸出金を回収するなどといった利益相反（社債購入者の利益を犠牲にすることに
よって、貸出金が回収できない場合に損失を被る可能性のある預金者の利益を守る）が
発生する、③金融力を背景とする一般事業の買収等を通じて産業支配などの
社会的摩擦が生まれる、といったことのないよう、本業に専念して本来の金
融仲介機能を有効に発揮するよう、その業務の範囲については詳細に規定さ
れ、法律上認められたものに限られている。

　銀行法では、銀行の業務について、①固有業務（第 10 条第 1 項）、②付随業
務（第 10 条第 2 項）、③証券業務（第 10 条第 2 項、第 11 条）、④その他の法律に
より営む業務（第 12 条）、および⑤周辺業務、を定めている。

1　固有業務：いわゆる本業

　銀行法では、銀行の「固有業務」として、①預金業務：預金（預入期間に定
めがなく、預金者の要求に応じて随時払い出される「要求払（流動性）預金」と、預入期
間に定めのある「定期性預金」）の受け入れ、②貸出業務：資金の貸付（手形貸付、
証書貸付、当座貸越）または手形の割引、③為替業務：振り込みや送金、の 3
つの業務が定められている（第 10 条第 1 項）。

2　付随業務：本業に随伴する業務

　「付随業務」は、銀行の固有業務である預金業務および貸出業務、為替業
務の 3 つの業務に当然随伴すると考えられる業務のことをいう。当該業務は、
銀行法において「本業に付随する業務」として具体的事例が列挙され、①債

務の保証または手形の引き受け、②有価証券の売買（銀行自身の投資として行う場合などに限られる）、③有価証券の貸付、④国債等の引き受け、⑤有価証券の私募の取り扱い、⑥国や地方自治体等の金銭の出納事務、⑦有価証券等の物品の保護預かり、⑧デリバティブ取引などが定められている（第10条第2項）。

　このように、付随業務は、質的な面において固有業務との関連性や親近性があること、また量的な面で固有業務に対して従たる程度を超えないこと、そして業として行うものであること、という前提で認められており、その業務の範囲は、金融・経済環境の変化に対応しながら随時見直されてきている。

3　証券業務

　「証券業務」は上記の通り「付随業務」として認められているものがあるが（第10条第2項）、それ以外の証券関連業務についても「付随業務以外の証券業務（他業証券業務）」として銀行法で認められている（第11条）。固有業務の遂行を妨げない範囲という制約はあるが、公共債に関するほぼ全ての証券業務が可能となっており、投資信託を扱うこともできる。

4　その他の法律により営む業務

　これまでみてきたように、銀行は、銀行法第10条（固有業務と付随業務）、第11条（他業証券業務）の規定により業務を営んでおり、これらの業務と「その他の法律により営む業務」以外の、他の業務を営むことはできないと、第12条で規定されている。

　「その他の法律により営む業務」としては、担保付社債信託業務や信託業務、社債登録業務、宝くじに関する業務などがある。

5　周辺業務

　「周辺業務」とは、銀行の固有業務や付随業務などのように銀行法に定められていないことから、銀行本体ではなく、自らが出資した子会社や関連会

社を通じて行う業務のことをいう。具体的には、①銀行業務の基本にはかかわらないもので、主に銀行のために行うもの（営業店などの営業用不動産の管理、銀行の職員向けの福利厚生、計算事務の業務代行など）、②銀行業務に付随する業務（住宅ローンの保証業務）、③銀行業務に付随する業務に準ずる業務（クレジットカード、ベンチャーキャピタル、リース、証券、投資顧問、保険、コンサルティングなど）などがあげられる。

　周辺業務の範囲は、金融・経済環境の変化に伴い度々規制緩和が行われ、多様な業務が行えるよう見直されてきたが、2021 年 11 月に、地方創生やデジタル化などといった持続可能な社会の構築に資する業務が可能となる「改正銀行法」が施行された（第 7 章を参照）。

第 3 節　銀行の機能

1　決済機能

　銀行は、顧客から現金を預金として受け入れると、現金の預かり証として預金証書を預金者に対して発行する。預金を受け入れた後、銀行は、顧客の預金勘定を管理し、預金の他の口座への振り込みや振替、出金等のサービスを行う。

2　信用媒介・変形機能

　銀行は、顧客から預金として受け入れた現金を企業や個人などに貸し出し、最終的貸し手と最終的借り手の間に立って、与信の媒介を行う。預金者から受け入れた現金、すなわち本源的預金負債に対して利子を支払うのに対して、同額の手元現金を無利子で保有したままにしておくのは不合理であることから、貸出を行うことで利息収入を獲得する。この場合、株式や債券の発行などのような最終的貸し手（株式や債券の購入者）から最終的借り手（株式や債券

の発行者）への直接的与信（これを直接金融という）とは異なり、銀行は信用の仲介を行うことにより、現金と交換に最終的貸し手（預金者）へ間接証券（預金証書）を提供（受信）し、最終的借り手（企業や個人などの借入者）からは現金と交換に直接証券を受け取る（授信）。

3　信用創造機能：流動性の供給

　例えば、ある企業が工場設備の購入資金として借り入れを行う場合、銀行は貸し出した資金を、一旦、借入企業の当座預金口座に入金する。このように、銀行の預金は、銀行による貸出によって派生的に生み出されることから、銀行は流動性を供給している点が他の金融機関がもたない重要な機能であるといえる。銀行による預金の創造と貸出の創造は表裏一体の関係にあり、銀行の貸出によって派生する預金は「派生的預金」と呼ばれる。この「信用創造機能」のみが銀行固有の機能であり、銀行は経済活動を促進するために、預金という形で決済サービスを提供しており、その他の機能については銀行以外の金融機関も有している。

【信用創造機能の図解】
　ある預金者が手元の現金100万円を銀行aに預金を行ったとする。銀行aは、預かった資金の一部を手元に残して（この比率を預金準備率と呼び、預金者からの預金の引き出しに常に対応できるよう設けられた制度で、ここでは10%と仮定する）、残りの90万円を企業Aに貸し出す。90万円を借り入れた企業Aは、物品購入の代金として企業Bに支払い、90万円を受け取った企業Bは、銀行bに90万円全額を預金する。90万円の預金を受け入れた銀行bは、先の銀行aと同様、預かった資金の一部（ここでは10%の9万円）を手元に残して、残りの81万円を企業Cに貸し出すが、このような取引が永遠に続いていくこととなる（図2-1）。
　このプロセスを預金の増加の側面に焦点を当てながらみてみると、最初の

図 2-1　信用創造機能

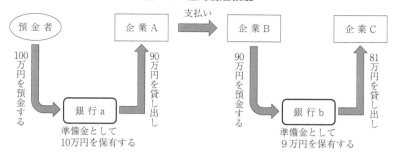

【前提条件】銀行の支払準備率（預金の払い戻しのために手元に残すお金の割合）は 10%
【プロセス】①預金者は、100 万円を銀行 a に預ける
　　　　　　②銀行 a は、10 万円を支払準備として手元に残し、残りの 90 万円を企業 A
　　　　　　　に貸し出す
　　　　　　③企業 A は、企業 B から購入した物品の代金 90 万円を企業 B に支払う
　　　　　　④企業 B は、企業 A から支払われた 90 万円を全額銀行 b に預ける
　　　　　　⑤銀行 b は、9 万円を支払準備として手元に残し，残りの 81 万円を企業 C
　　　　　　　に貸し出す

　　　信用創造によって生み出される預金量は
　　　　　最初の預金量÷支払準備率＝ 100 万円÷ 0.1 ＝ 1,000 万円

　預金者の 100 万円があり、次に、企業 B の預金 90 万円がある。以下、81 万
円、72.9 万円、65.61 万円と永遠に預金が行われていくこととなる。最初の
100 万円の預金（これを本源的預金という）が、預金の連鎖を生み出すことで最
終的にいくらの預金になるのかについては、無限等比級数の和の公式を用い
て求めることができる。ここで等比級数とは、$Ar^0, Ar^1, Ar^2, Ar^3, Ar^4,$……と
いった数列のことで、このような数列が無限に続く無限等比級数の和 S を
求める公式は、

　　　　　$S = A / (1-r)$　　　r は銀行が預金の中から貸出に回す割合

となる。

　したがって、図 2-1 のケースでは、本源的預金である最初の預金 100 万円
（A）は、100／(1 − 0.9)＝1000 万円の預金（マネーストック）を生み出すことと

なる。このような本源的預金から、その何倍もの貨幣が生み出されるプロセスの仕組みを「貨幣創造」と呼び、「何」倍に当たる部分、すなわち倍数（ここでは 10）を貨幣乗数と呼ぶ。

　以上のように、預金の増加のプロセスに焦点を当てて「貨幣創造」と呼ぶが、同じプロセスによって貸出が増加していく側面に焦点を当ててみてみると、銀行が信用を生み出している「信用創造」として捉えることができる。銀行による貨幣創造、すなわち信用創造の機能が、銀行固有のものとなっている。

4　現金収集機能

　銀行は、派生的預金に対して、預金準備率を乗じた法定準備を積むため、そして派生的預金の引き出しに備えるため、本源的預金証書と交換に現金を調達する（預金者からお金を預金として預かる）必要がある。

リレーションシップバンキングの理論的サーベイ
：地域金融の視点から

第1節　地域金融の基本としてのリレーションシップバンキング

　地域金融機関は、中小企業金融取引においてリレーションシップバンキングを基本としている。リレーションシップバンキングについての先行研究においては、リレーションシップの期間が貸出条件などに及ぼす効果やソフト情報の収集・活用における対面型コミュニケーションの重要性などが主な論点として分析され、「貸し手が借り手とのリレーションシップ関係の構築を通じて、借り手の経営実態に関する私的情報を収集し、それらを与信審査などに活用することによって与信コストを削減しつつ情報の非対称性の問題を克服している」といったリレーションシップの効果が明らかにされてきた。その一方で、地域金融機関の地域社会との親密な関係そのものが適切な与信審査を阻害して、その収益性や健全性を損ねるとともに企業再生の遅延を招くといったリレーションシップ取引の負の側面についても指摘されている。

　そこで本章では、リレーションシップバンキングに関する先行研究のサーベイを通じて論点整理を行ったうえで、適切な与信審査を阻害して地域金融機関の収益性や健全性を損ねる誘因が、先行研究が指摘するような地域社会との親密性ではなく、実効性ある地域経済の活性化を目指すといった真の意味での地域貢献志向の欠如であるとの本書の問題意識を提示する[1]。

第2節　銀行の存在意義としてのリレーションシップバンキング

1　情報生産における銀行のコスト優位性

　そもそも銀行はなぜ存在するのだろうか。銀行はどのような存在意義を有しているのだろうか。そして、リレーションシップバンキングは銀行理論においてどのように位置づけられているのだろうか。

　Fama（1985）は、組織の内部情報に通じたインサイダーによる貸出と組織の内部情報に明るくないアウトサイダーによる貸出に区分し、前者を公知の情報ではなく借り手の組織内部の意思決定プロセスから得られる情報に貸し手がアクセスできる契約であると定義し、銀行貸出はこれに該当すると指摘している。そのうえで彼は、銀行の借り手は通常預金者でもあるので、それらの取引が銀行による低コストでの借り手に関する財務履歴情報の獲得を可能とし、銀行に短期貸出の実行やモニタリングの実施に際してのコスト優位性をもたらすと論じている。加えて、彼は、通常銀行の貸出債権の残余請求権は劣位であるため、銀行が短期の貸出を更新する場合には、より優位な残余請求権を有する他の者に対して自身の残余請求権がより安全であるといったシグナルを送ることになるので、このようなシグナルが銀行以外の資金提供者の情報収集コストを軽減すると論じている[2]。

　また、Berlin and Mester（1999）も、預金取引による資金コストの軽減効果が銀行の存在意義であると指摘している。彼らはコア預金へのアクセスが、

1　滝川（2007）は、今日なぜリレーションシップバンキングが期待されているのか等の問題意識から、リレーションシップバンキングに関する経済理論を体系的に整理している。

2　Lummer and McConnell（1989）もまた、銀行による貸出の削減や取り消しが借り手企業の株価の下落をもたらす一方で、貸出の更新が株価の上昇をもたらすことを確認し、銀行貸出の更新は資本市場での情報伝達において重要な役割を果たしていることを指摘している。さらに、彼らは、James（1987）の分析を踏まえ、銀行貸出のアナウンスメント情報を新規実行分と更新分とに区分し、貸出の更新は借り手企業の株価にプラスのリターンをもたらす一方で、新規の貸出実行は株価にプラスのリターンをもたらさないことを見出している。

もし銀行が市場金利の水準で資金コストを支払わなければならないなら、借り手との契約が不可能であるような内容の契約を銀行が借り手と締結することを可能にするとの仮説の分析を行った。その結果、コア預金を通じてより多くの資金を獲得した銀行は、借り手の信用リスクの変化に応じて、より滑らかな金利を借り手に提供することを発見し、銀行によるコア預金へのアクセスはリレーションシップバンキングの基礎の1つであると論じている。

　加えて、Diamond（1984）や Rajan（1992）、Bhattacharya and Thakor（1993）は、リレーションシップバンキングは貸し手が借り手に近接して行う顔のみえる相対取引であり、貸し手がインサイダーとなって審査やモニタリングを行い借り手に関する私的情報を収集することができるため、借り手の属性に関する情報生産においてコスト優位性を有しており[3]、情報の非対称性による問題を軽減することができると論じている。

2　リレーションシップバンキングの負の側面

　リレーションシップ取引が情報生産における銀行のコスト優位性をもたらす一方で、Boot（2000）は、借り手企業が経営危機に直面した際に、危機の克服に向けて借り手企業が十分な経営努力を行わないといったモラルハザードの問題（ソフトバジェット問題：soft-budget constraint problem）や、貸し手の銀行に情報独占をもたらして借り手にとって不利な条件での借入を強いるといった問題（ホールドアップ問題：hold-up problem）が存在することを論じている。

　まず、ソフトバジェット問題における重要なポイントは、借り手企業の経営が悪化して倒産の危機に直面しており、追加の貸出実行を断ることで取引先企業を倒産に追い込む可能性がある場合に、貸し手の銀行が追い貸しを拒絶することができるかどうかといった点である。

3　この他、Boyd and Prescott（1986）や Ramakrishnan and Thakor（1984）も、金融仲介機関が取引を行う借り手と貸し手の数が増えるにつれて契約コストが軽減されることを示して、銀行が借り手の属性に関する情報生産の点でコスト優位性を有していることを指摘している。

　借り手企業は、経営問題が生じた際に銀行による追い貸しや貸出契約についての再交渉や追い貸しを期待するが、もし銀行との貸出契約についての再交渉が容易である場合には、借り手企業は十分な経営努力を行わないといったモラルハザードを招いてしまう。このような問題の解決策の１つとして、貸し手と借り手との間で契約についての再交渉を行う際に、貸し手の銀行に主導権を与えて担保を徴求することなどがあげられる。

　また、ホールドアップ問題について、Sharpe（1990）やRajan（1992）は、リレーションシップ貸出が貸し手の銀行に情報の独占をもたらして、高い金利や担保の徴求などといった借り手にとって不利な条件での借入を強いることになると論じている。

　このような場合、借り手企業は複数の銀行から借入を行うことによって銀行の情報の独占を妨げることが可能となるが[4]、Petersen and Rajan（1994）は、複数の銀行との取引は競争を激化させて、創業間もない若い企業への銀行の貸出を抑制させてしまうと指摘している。

第３節　リレーションシップバンキングと貸出条件

1　リレーションシップの期間と貸出金利および担保との関係

　貸し手と借り手のリレーションシップ関係における期間の長さと貸出金利や担保徴求などの貸出条件との関係に焦点を当てた研究の主なものとして、Boot and Thakor（1994）やBerger and Udell（1995）、Brick and Palia（2007）、Bharath, et al.（2009）、Greenbaum, et al.（1989）、Sharpe（1990）、Wilson（1993）、Degryse and Van Cayseele（2000）がある。

　Boot and Thakor（1994）やBerger and Udell（1995）の研究は、借り手の

4　Ongena and Smith（2000）は、借り手企業が複数の銀行と取引を行うことによって、ホールドアップ問題は軽減するものの、借り手企業の借入利用可能性を低下させてしまうと指摘している。

企業は、リレーションシップ関係が未だ成熟していない初期の段階においては、高い借入金利と多くの担保提供を銀行から要求されるものの、リレーションシップ関係が次第に長期化するにつれて、借入金利が低下するとともに担保提供も減少することを明らかにしている。

　まず、Boot and Thakor（1994）は、繰り返しゲーム理論を金融仲介機能の理論と関連づけて、貸し手と借り手との間のリレーションシップから得られる潜在的な利益についての分析を行っている。分析結果の主たる内容は、プロジェクトの最初の成功が実現された後に、借り手はスポットの市場コスト以下の条件で担保の提供を伴わない借入を永続的に行うことができるようになる一方で、最初の成功が実現するまでの間は、借り手は毎期、市場の借入コストよりも高く、かつ担保を提供しなければならないような借入条件を受け入れなければならないというものである[5]。もし、借り手が最初の成功を達成できない場合には、新規の借り手は信用が確立するまでに無期限の期間を必要とすることとなる。このような意味で、最適契約は単純にも借り手のトラックレコードという過去の歴史に依存してしまうこととなる。すなわち、借り手が少なくとも１つのプロジェクトで成功した実績を有する場合には、最適契約は常に同一の形態をとることとなり、そうでない場合には他の形態をとることとなる。それゆえ、貸し手の銀行はすでに信用を確立した既存の借り手の企業に対しては担保の提供が不要な貸出を実行する一方で、トラックレコードをもたない新規の借り手に対しては貸出に際して担保の提供を求めることとなるのである。

　貸し手と借り手の持続的なリレーションシップ関係に基づく長期の貸出契約は、長期的な取引を通じて貸し手が時には借り手の担保提供の負担を軽減

5　この他、Petersen and Rajan（1993）は、NSSBF（National Survey of Small Business Financ-es）のデータを用いて、銀行と借り手との間のリレーションシップの強さを表す尺度としての期間の長さに焦点を当てて分析し、銀行は借り手のタイプがまだよくわからない初期の段階では高い貸出金利を提示し、借り手に関する情報を蓄積することによって借り手のタイプが明確になってからは貸出金利を引き下げることを指摘している。

54

することに加えて、借り手に補助金を与えて低い貸出金利を提示することに
よって、企業の借入負担を軽減することを可能にする一方で、借り手はより
良い借入条件の獲得を求めて、プロジェクトの成功に向けて最善の努力を行
うようになる。したがって、貸し手の銀行との間で持続力のあるリレーショ
ンシップ関係を構築することは、借り手に利益をもたらすこととなる。この
ように、彼らは貸し手と借り手との間のリレーションシップ関係の期間が貸
出金利決定の際の重要な要素となっていること、および借り手に対する貸し
手の担保徴求においてもリレーションシップの期間の長さが影響を与えてい
ることを論じている。

　Berger and Udell（1995）は、従来の研究がモーゲージローンや自動車ロ
ーンなどのトランザクション貸出を含んだデータを用いて分析を行っていた
ため、リレーションシップの強さと貸出金利との間に統計的に有意な関係を
見出すことができなかったとの認識の下、トランザクション貸出を分析デー
タから除外して銀行のL/C（信用状）下の貸出に絞ることにより、リレーシ
ョンシップと貸出金利や担保徴求などの貸出条件との関係についての実証分
析を行っている[6]。

　まず彼らは、貸出金利についての検証として、プライムレートに対する貸
出金利のプレミアムを、L/C契約の特性に加えて企業の財務特性やガバナ
ンス特性、業種特性などとリレーションシップに関する特性を表す変数に回
帰させることによって、その決定要因の分析を行い、現在のオーナーシップ
と銀行とのリレーションシップ関係が長期間持続しているほど貸出金利が低
いことを確認している。さらに、彼らは貸し手の銀行とのリレーションシッ
プ関係の期間が借り手の担保提供の多寡にどのような影響を与えているかに
ついても検証を行い、リレーションシップ関係が長期化するにつれて借り手

6　1988年のNSSBFの、およそ3400社にのぼる企業の幹部に対する電話インタビューによって得
　られたデータを用いている。各々のインタビューは、企業概要やガバナンス、歴史、金融機関と
　のリレーションシップ関係などの200項目の質問から構成されている（Berger and Udell
　1995：p.356）。

の担保提供が減少することを発見している。

彼らの研究は、①資本市場で取引されることのない規模の小さな企業を対象として、②銀行のL/C下の貸出に焦点を当てて、③ Boot and Thakor (1994) の担保に関する理論的分析を初めて検証し、④貸し手とのリレーションシップ関係が長期化するほど、借り手は担保提供が不要な借入を行うことが可能となるといったリレーションシップの期間と担保設定条件との間の関係を確認した、といった点で特徴を有している。

また、Brick and Palia (2007) は、借り手と貸し手の間のリレーションシップが貸出金利と担保の貸出条件に与える影響に加えて、貸出金利と担保との間の相関関係についての実証分析を行い、リレーションシップの期間が貸出金利と担保提供の双方に影響を与えること、および貸出金利と担保提供との間の相関関係が存在し、貸出金利と担保提供が貸出条件としての一体性を有していることを確認している。

さらに、Bharath, et al. (2009) は、同じ貸し手からの借入は貸出スプレッドが小さくなること、および借り手に関する情報の不透明性が拡大するにつれてリレーションシップに基づく借入コストがより低減することを確認し、同一の貸し手と借り手との間で行われる取引に基づく情報生産が貸出金利に影響を与えることを論じている。彼らはまた、リレーションシップ貸出はそれ以外の貸出と比べて担保が徴求されることが少なく、貸出額もより多額であることに加えて、外部からの資金調達源を複数有する企業でさえ、既存の借入先からの借入が好条件であることを指摘している。そして、もし借り手が資産規模で上位30％にランクインする場合や公募格付債券を発行している場合、あるいはS&P500インデックス採用銘柄企業である場合には、リレーションシップ貸出と非リレーションシップ貸出との間の貸出金利スプレッドに統計的に有意な差は認められないことを確認したうえで、リレーションシップ貸出とトランザクション貸出の境界ラインを提示している。

これに対して、Greenbaum, et al. (1989) や Sharpe (1990)、Wilson (1993)

および銀行の統合の進展に伴い企業の資金調達手段が比較的少ない欧州のデータを用いた Degryse and Van Cayseele（2000）の研究は、貸し手の銀行は借り手とのリレーションシップ関係の初期の段階においては、低い貸出金利を適用して借り手に補助金を提供して支援した後、リレーションシップ関係が成熟するにつれて高い貸出金利を設定して補助金を回収することを指摘し、Boot and Thakor（1994）や Berger and Udell（1995）とは逆のリレーションシップの期間と貸出金利との関係を提示している。

　彼らの議論は、貸し手の銀行が借り手とのリレーションシップ関係を通じて私的情報を収集し、それらを独占的に活用することによってマーケット・パワーを獲得するようになり、これがリレーションシップ関係の初期における低い貸出金利の借り手への提供と後の高金利による埋め合わせを可能にするというものである。すなわち、貸し手と借り手との間のリレーションシップ関係の寿命が伸びることによって、借り手の経営実態の正確な把握にとって有益な情報がより多く収集され、それに基づきすでに蓄積された私的情報の内容が改善されることとなる。貸し手の銀行はこうして私的情報の内容の精度を高めることによって、借り手のデフォルトリスクをより正確に把握できるようになるとともに、新規に取引を開始しようとする競合他行に対して、借り手に関するモニタリングコストの点で優位性を確保することが可能となるのである。

　以上のように、リレーションシップの期間と貸出条件等との関係に関する相反する議論が存在する背景として、リレーションシップの価値が信用供与の種類に依存していることがあげられる。例えば、クレジットラインは、貸し手の銀行と借り手の企業との間の長期的な金融取引関係に基づき設定されるものであるため、トランザクション貸出であるモーゲージローンや自動車ローンなどと比べて、よりリレーションシップと密接な関係を有するタイプの信用供与であるといえる。貸し手はこのような長期的かつ密接な取引関係を通じて収集・蓄積した借り手の経営実態に関する情報を与信審査に活用す

ることによって貸出条件の設定などに反映させることが可能となり、この点にリレーションシップの価値を見出すことができる。したがって、トランザクション貸出のような長期的な金融取引関係に基づかない貸出が分析データに含まれる場合には、貸し手と借り手とのリレーションシップと貸出金利との間の関係が希薄化してしまうことが考えられる。

2　リレーションシップの期間と借入利用可能性との関係

　Petersen and Rajan（1994）は、貸し手と借り手のリレーションシップ関係が借入金利に対してよりもむしろ借り手の借入利用可能性に対して影響を与えていることを指摘している。彼らは、企業が、①金融機関とのリレーションシップにより多くの時間を費やすにつれて、②より多くの商品やサービスを特定の金融機関から集中的に購入してより親密になるにつれて、③複数の借入を特定の金融機関に集中するにつれて、借り手企業の貸し手金融機関からの借入利用可能性が拡大することを確認している[7]。

　貸し手と借り手のリレーションシップ関係が、借入金利よりも借入利用可能性に対して影響を与えていることに関する理論的説明の1つとして、彼らは貸し手金融機関の組織構造をあげている。すなわち、貸し手の金融機関は貸出採算性の確保を目的として貸出金利に関する具体的なガイドラインを設けているものの、現場の融資担当者が収集した借り手企業の経営実態に関する不透明な情報を貸出金利に適切に反映させることは困難な作業であり、む

7　Farinha and Santos（2002）は、リレーションシップバンキングにおける取引銀行の数について、ほとんど全ての企業は最初の段階では1つの銀行と借入を行った後、間もなくそれらの企業のうちのいくつかは複数の銀行から借入を行うようになり、そのような1つの銀行から複数の銀行へのシフトの可能性はリレーションシップの期間が長期化するほど、またより多くの成長機会を有する企業および業績の悪い企業ほど高くなることを指摘している。また、Von Rheinbaben and Ruckes（2004）は、どの程度の数の銀行と取引をすべきか、およびどれだけの情報を銀行に開示すべきか、について企業の最適な選択について分析を行い、多くの銀行と取引を行い、重要な内部情報を銀行に開示することによって、企業は信用コストを軽減することができる一方で、銀行のアドバイス業務等を通じて競合他社に貴重な情報が漏れてしまうことによって市場での業績悪化を招きかねないこと、そしてこのような相反する2つの影響の重要性は、当該企業の規模や業種等により異なることを指摘している（Von Rheinbaben and Ruckes 2004：pp.1598-1599）。

しろ貸出ボリュームに反映させる方が容易であるというものである。

　また、Cole（1998）は、銀行がこれから貸出をしようとする企業と従前からの金融取引を通じてあらかじめ馴染みがある場合、そのような取引関係が企業の財務見通しに関する私的情報を生み出すため、銀行が馴染みの企業に対して貸出を実行する際の重要な決定要素となることを論じている。

　一方、Hoshi, *et al.*（1991）は、日本におけるリレーションシップと借入利用可能性との関係についての分析を行い、銀行と密接な関係のある企業は、そうでない企業と比べて投資の際の流動性制約がより少ないことを指摘している。さらに、銀行と密接な関係のある企業は、銀行とのリレーションシップ関係が借入を妨げるような摩擦を克服してくれるので、金融面で困窮している場合においても投資が可能となることを示している。

　以上のようなリレーションシップと貸出金利との関係や借入利用可能性との関係を主な論点とする先行研究は、いずれも貸し手が借り手とのリレーションシップ関係の構築を通じて借り手に関する私的情報を収集し、与信コストを削減しつつ情報の非対称性を克服している点を指摘している。

3　貸出市場の競争がリレーションシップ貸出に与える影響

　Petersen and Rajan（1995）は、競争的な貸出市場と独占的な貸出市場との間に何らかの相違点が存在するのか否かについての実証分析を行い[8]、若い企業ほど競争的な貸出市場よりも独占的な貸出市場から外部金融を獲得していることを明らかにしている。具体的には、独占的な市場で活動する貸し手は、企業が創業間もない経営の不安定な段階においては競争的市場の貸出

8　本研究のデータは、Petersen and Rajan（1994）と同様、NSSBF から得たもので、1987 年 12 月時点で活動を行っている非金融および非農業部門の中小企業を対象としている。データ・サンプル数は、3404 社、そのうち 1875 社が S 会社（米国の連邦税法上の概念で、小規模会社〔small business corporation〕ともいい、Subchapter S に定められ、株主が 35 人以下で個人以外の株主および米国に居住しない外国人株主がなく、株式が 1 種類に限定されている内国会社のことをいう〔鴻・北沢編 1998：p.881〕）を含む法人企業、1529 社がパートナーシップあるいは個人企業となっている（Petersen and Rajan 1995：p.416）。

金利よりも低い金利を設定して企業を助成した後、企業が実績を積むにつれてより高い金利を設定することにより、借り手の金利の支払いを先送りし、企業のライフサイクルを通じて貸出金利を平準化している[9]というものである。

　その一方で、貸出市場における競争の拡大は、例えば労働市場のような他の市場においてもそうであるように、貸し手にとっての利益を損ねるものである。すなわち、独占的貸出市場におけるリレーションシップ関係を通じて私的情報を収集・蓄積することによって得られる貸し手の利益は、資本市場との競争によって貸出市場がより一層競争的になるにつれて減少し、借り手とのリレーションシップ関係の構築を通じて貸出を行う貸し手のインセンティブを低下させるため、金融取引をより一層資本市場へシフトさせるのである。また、貸出市場における競争の拡大は、借り手企業の借入利用可能性を制限するものであり、借り手が貸し手からの支援を最も必要とする際の借入による資金調達を困難にしてしまう。

　以上から、彼らは、①貸出市場における銀行の独占度が高まり、マーケット・パワーが拡大すると、貸し手にとっての「良い借り手」が増加して貸出が増加するため、創業間もない事業リスクの大きな企業の借入利用可能性が拡大すること、②独占的貸出市場においてリレーションシップ関係を構築し、私的情報を収集・蓄積することによって得られる貸し手の利益は、資本市場との競争を通じて貸出市場がより一層競争的になるにつれて減少し、リレーションシップ貸出を行う貸し手のインセンティブを低下させること、を明らかにしている[10]。

9　Petersen and Rajan（1995）が、貸し手の銀行は企業のライフサイクルを通じた信用リスクの変化に応じて貸出金利のスムージングを行うことを指摘する一方で、Berger and Udell（1992）は、銀行は市場金利のショックに応じて貸出金利のスムージングを行うことを論じている。また、Berlin and Mester（1998）は、リレーションシップバンキングの便益と費用についての知見を得るため、信用リスクのショックと市場金利のショックに対する銀行による貸出金利のスムージングについての実証分析を行い、信用リスクショックに対する銀行による貸出金利のスムージングは銀行と借り手との間の最適な長期契約、すなわちリレーションシップバンキングの一部ではないが、市場金利ショックに対する貸出金利のスムージングは最適なリレーションシップバンキングの一部であると指摘している。このように、貸出金利のスムージングは、銀行と借り手との間の最適な長期契約、すなわちリレーションシップバンキングの特徴の１つであるといえる。

　これに対して、Boot（2000）は、リレーションシップバンキングには付加価値があるものの、その源泉は明らかにはなっていないとしたうえで、金融市場の競争の激化がリレーションシップバンキングの付加価値を高めるのか否かについては、相反する研究の知見が存在しており、不明であるとしている。

　一方、Ergungor（2005）は、米国のコミュニティバンクの貸出データを用いて実証分析を行い、対面型のリレーションシップ貸出は借り手にとって依然として重要であるものの、技術革新などがリレーションシップ貸出市場への参入障壁を低下させて、金融市場の競争圧力を高めるため、リレーションシップ貸出のリスク調整後の利益率を悪化させていると論じている。

　また、Rice and Strahan（2010）は、米国各州による銀行店舗の州内への設置に関する規制状況を貸出市場の競争状態を表す指標として用いて、いかに店舗規制の障壁の違いが中小企業の借入に影響を与えているのかについての実証分析を行っている。その結果、①店舗規制が緩和され、店舗設置が活発な州内の中小企業はそうでない州内の中小企業と比べてより低い金利で借入を行っていること、②店舗規制が緩和された州内の中小企業ほど銀行借入を行う傾向があること、を確認している。

　さらに、Elsas（2005）は、ドイツのユニバーサルバンクが企業のメインバンクになるための決定要因についての実証分析を行い、貸し手と借り手との

10　Petersen and Rajan（1995）のモデルが独占的な貸し手の銀行がどれだけリレーションシップ貸出を行うのかといった銀行の意思決定を問題としているのに対して、Boot and Thakor（2000）のモデルは、銀行が全体でどれだけ貸すのか、そして全体の貸出のうちどれだけをリレーションシップ貸出とトランザクション貸出に配分するのか、さらにリレーションシップ貸出においてある特定のセクターにどれだけ特化するのかといった3つの意思決定の問題を取り扱っている。彼らは、①銀行間競争がより低水準である場合により多くのトランザクション貸出が存在すること、②銀行間競争の拡大はリレーションシップ貸出を増やす一方で、各々の貸出の借り手にとっての付加価値はより小さくなること、③銀行間競争の拡大は銀行によるセクター専門化への投資を減少させることから、競争の拡大にもかかわらずリレーションシップ貸出は重要であり続けること、④資本市場からの競争の拡大はリレーションシップ貸出とともに全体の貸出ボリュームを減らすが、各々のリレーションシップ貸出の借り手にとっての付加価値はより大きくなること、⑤資本市場からのものであれ、他の銀行からのものであれ、拡大する競争は必ずしも全ての借り手にとってではないものの、いくらかの借り手にとっては厚生を改善すること、を提示している。

間のリレーションシップの期間は銀行がメインバンクになることと関係がないこと、および地域の貸出市場の集中度が低・中位である場合、地域の貸出市場の集中度が高まるにつれてメインバンクとなる可能性が低くなる一方で、地域の貸出市場の集中度が非常に高い場合には、地域の貸出市場の集中度が高まるにつれてリレーションシップ貸出が拡大することを見出している。

4　効率的な資源配分を損なう取引主体の交渉力

　リレーションシップ取引は、互いに密接な関係を有する貸し手と借り手が、相手の顔が見える相対取引を行うことである。したがって、貸し手はインサイダーとなって借り手企業の私的な経営努力を観察し、公表されない機密情報を収集・活用することによって、情報の非対称性の問題を軽減することが可能となる。

　また、契約の不完備性についても、相対取引においてはきめ細かな契約条項の付与が可能となるとともに、貸し手と借り手との間の交渉による再契約も容易であるため、リレーションシップ取引は経済状態が悪化した場合には非効率なプロジェクトの続行を取り止めて清算することが可能となるといった利点を有する。

　Rajan（1992）は、このような情報の非対称性と契約の不完備性といった2つの要素を有するモデルを設定・分析することによって、借り手との再交渉を通じてプロジェクトの継続についてのコントロールを行う貸し手の銀行の交渉力が信用供与のコストになるといった点について指摘している（図3-1）。

　具体的には、企業がDATE 0において、生産プロジェクトに投資Iを行い、DATE 1に企業を取り巻く経済状況の良否が判明する。経済状況が良くなる確率qは、経済が良くなるための外因性の質的な決定要因とともに、企業の努力水準に依存するものとする[11]。また、企業の努力は貸し手が観察することのできない私的情報であるため、情報の非対称性とモラルハザードの問題が生じることとなる。

図3-1　ラジャン・モデル

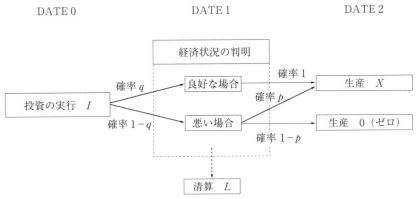

備考）ただし、$X > L > pX$ と仮定する
出典）Rajan（1992）より作成

　DATE 1 の経済状況が悪い場合には、銀行が生産プロジェクトを清算して清算価値 L を回収することができるものとする。さらに、経済状況が良好な場合には、DATE 2 に確率 1 で X の生産が獲得され、また、経済状況が悪い場合には確率 p で X の生産が獲得される一方で、確率（$1-p$）で生産が全く行われず獲得はゼロとなる。

　事前の意味での期待収益によって経済効率性を測ることとすると、DATE 1 に経済状況が良好な場合には X の生産が100％行われるため期待収益は X に、また、経済状況が悪い場合には確率 p で X の生産が行われるため期待収益は pX に、そして、清算した場合には清算価値 L を確実に回収することができるため期待収益は L となる。ここで、$X > L > pX$ と仮定すると、経済状況が良好であることが判明した場合には経済効率性の観点からプロジェクトを続行することが好ましく、反対に経済状況が悪いことが判明した場合にはプロジェクトを清算する方が好ましいこととなる。

　したがって、銀行は経済状況が判明する DATE 1 に返済期限が到来する

11　良い経済状況が実現される可能性は、企業のオーナーの努力と外因性の質に応じて高まるものとラジャン・モデルでは仮定している（Rajan 1992：p.1370）。

ような短期の貸出契約を借り手との間で締結することによってDATE 1に
企業と再交渉を行うことができるようになるとともに、返済を請求すること
によって純資産価値がマイナスとなるようなプロジェクトの続行を回避する
ことが可能となる。もし、DATE 1の経済状況が悪い場合には、清算価値
L は期待収益の pX よりも大きいので、貸し手の銀行は企業との貸出継続の
ための再交渉に応じることなく貸出金を回収し、生産プロジェクトを清算す
ることとなる。また、DATE 1の経済状況が良好であるにもかかわらず銀
行が再交渉に応じず貸出を継続しなかった場合には、企業の獲得収益が皆無
となるとともに銀行の獲得収益は清算価値 L となる。一方で、銀行が再交
渉に応じて貸出を継続した場合には生産プロジェクトの収益が X となるため、
再交渉によって $(X-L)$ 分の収益が増加することとなる。

　ここで、企業がその資金調達源を銀行のみに依存しているような場合には、
銀行は経済状況が良好であっても貸出を継続しないことも可能であるため、
銀行の交渉力が大きくなり、銀行は貸出継続の見返りとして利益の分け前を
要求することができる[12]。このような貸し手と借り手との間の力関係におい
ては、企業は貸出を継続するよう銀行を説得するためにプロジェクトの利益
のいくらかを銀行とシェアしなければならなくなる。したがって、経済状況
が良好な場合には、企業はプロジェクトから得られる利益の全てをもはや得
ることができないということを事前に予測できるため最善の努力を行わなく
なり、プロジェクトから得られる利益が減少することとなる。

　これに対して、DATE 2にプロジェクトが完成した時のみ銀行が貸出の
返済を求めるといった長期の銀行貸出契約においては、再交渉の余地がなく
当初の契約通り利益の分配が行われるため、短期貸出契約の場合のように銀
行はもはや利益を企業からさらに搾り取ることはできない。したがって、経

12　ラジャン・モデルでは、当該交渉力を外生的に μ というパラメータで与えている。すなわち、
　　借り手のオーナーが $\mu(X-L)$ だけ受け取り、また貸し手が $(1-\mu)(X-L)$ だけ受け取ること
　　になり、貸し手は最終的に、$(1-\mu)(X-L)+L$ を受け取ることになる（Rajan 1992：p.1375）。

済状況が良好な場合には、プロジェクトの継続という最善の意思決定が行われることとなる。

　しかしながら、プロジェクトの継続が非効率な場合には、銀行は借り手に対して単純かつ一方的に返済を求めるわけにはいかず再交渉を行う必要があるため、企業に対してプロジェクトを止めるよう賄賂を使うようになるといった新たな問題を生むこととなる。このような場合、企業にとって非効率なプロジェクトを継続することが魅力的となるため、プロジェクトの純資産価値がマイナスとなることを回避するために最善の努力を行うインセンティブが働かないのである。

　以上、彼は、①翌期首の経済状況が良好で、かつ短期貸出契約であるといった条件の下で、私的情報の独占などによって再交渉の際における銀行の交渉力が大きい場合には、再交渉による収益増加分の多くを貸し手が獲得して借り手の努力に対するインセンティブを阻害し、生産プロジェクトの内容が悪化してしまう一方で、逆に借り手の交渉力が大きい場合には、貸し手が獲得する収益が小さくなり、信用コストを賄いきれない水準まで減少してしまう可能性が存在すること、②翌期首の経済状況が良好で、銀行の貸出契約が長期である場合には、貸出契約が自動的に継続されるため生産プロジェクトが継続されるといった最善の結果となること、③翌期首の経済状況が悪い場合に、銀行の短期貸出契約は非効率なプロジェクトを清算して貸出を回収することが可能であり、銀行による借り手のコントロールが有効に機能する一方で、④翌期首の経済状況が悪い場合に、銀行の長期貸出契約は借り手の非効率なプロジェクトを清算することが困難であること、を明らかにしている（表3-1）。

表3-1　銀行の短期および長期の貸出契約の特徴

	翌期首の経済状況	
	良好	悪い
短期銀行契約	×貸出継続のために再交渉が必要となる。 (1)銀行の交渉力が大きい場合： 　・銀行が利益の多くを獲得してしまうため、企業は最善の努力を行うインセンティブを欠く。 ⇒　・ただし、銀行の交渉力が極端に大きく、銀行が信用供与を制限する場合には、企業は市場取引との間の選択によって最適資源配分を目指すことも可能である。 (2)企業の交渉力が大きい場合： 　・銀行の利益が信用コストを賄えない水準まで減少すると取引は行われなくなる。 ⇒　いずれの場合も銀行貸出は合理的でない。	○銀行は非効率なプロジェクトを清算し貸出を回収することが可能となる。 ⇒　銀行による借り手のコントロールが有効に機能する。
長期銀行契約	○貸出は自動的に継続され再交渉は行われない。 ⇒　銀行貸出の継続が最善の契約となる。	×銀行にとって非効率なプロジェクトを清算することが最も合理的だが、一方的には行えず再交渉が必要となる。 ⇒　企業の利益の取り分が銀行よりも大きくなるためモラルハザードが生じ、企業がプロジェクトの悪化を回避するために最善の努力を行うインセンティブを欠く。 ⇒　プロジェクトによる利益が減少してしまう。

備考）表中の○と×は、それぞれが銀行契約のメリットとデメリットを示している
出典）Rajan（1992）より作成

第4節　リレーションシップバンキングとソフト情報

1　対面型コミュニケーションによるソフト情報の収集

　Berger and Udell（2002）は、中小企業金融における情報の非対称性の問題を軽減することのできる最も力強い技術の1つとしてリレーションシップ貸出を取り上げ、規模の小さな銀行ほど、現場の融資担当者が借り手に近接しつつ対面型のコミュニケーションを行うことによってソフト情報を収集し、

表3-2　リレーションシップ貸出とトランザクション貸出

	リレーションシップ貸出	トランザクション貸出
担い手	小規模銀行	大規模銀行
主な活用情報	ソフト情報	ハード情報
情報の入手方法	フェース・トゥ・フェースによる借り手との直接的な接触	借り手個人の信用情報の履歴を活用
審査方法	相対による面談	クレジットスコアリング・モデルの活用
与信判断の実施場所	取引営業店	本部センター
メリット	多様なニーズへの柔軟な対応	迅速対応、効率的な手続きによるコスト低減
デメリット	高コスト、ソフトバジェット問題、ホールドアップ問題	画一的で自由度が低い

出典）Berger and Udell（2002）より作成

これらの情報をリレーションシップ貸出に活かしている点を明らかにしている。

　彼らは、中小企業金融における貸出の手法として、①リレーションシップ貸出（relationship lending）[13]、②財務情報に基づく貸出（financial statement lending）[14]、③担保資産に基づく貸出（asset-based lending）[15]、④クレジットスコアリング貸出（credit scoring lending）[16]の4つの形態を取り上げ、リレーションシップ貸出およびそれ以外の手法であるトランザクション貸出（transaction lending）の双方の特徴を整理している（表3-2）。

　そして、特に中小企業金融における情報の非対称性の問題を軽減すること

13　貸出対象企業の財務諸表などのハード情報のみならず、経営者の資質や技術力、販売力といった定性的なソフト情報を用いて、貸出実行の可否判断を行うもの（Berger and Udell 2002：pp.37-38）。

14　貸借対照表および損益計算書等の財務諸表の内容によって貸出実行の可否についての判断が行われるもので、業務実績のある比較的規模の大きい企業に対して活用される（Berger and Udell 2002：p.37）。

15　担保の質によって貸出実行の可否についての判断が行われるもので、企業に関する属性よりは保有資産の担保価値の方が重視される。したがって、当該貸出は担保価値をモニタリングするためのコストを要する（Berger and Udell 2002：p.37）。

16　十分なサンプル数からなる企業の財務諸表および信用情報に関するデータベースを用いて企業の信用リスク量の計量化を行うスコアリング・モデルを活用することによって、貸出対象企業の倒産確率を算定し、貸出を行うもの（Berger and Udell 2002：p.37）。

のできる最も力強い技術の1つとしてリレーションシップ貸出を取り上げて、その3つの鍵となる特徴を指摘している。その1つ目の特徴は、リレーションシップ貸出は、現場の融資担当者が時間をかけながら収集・蓄積した、経営者の資質や技術力、販売力などといった“ソフト情報”に依存しているという点である。このような情報は、通常の銀行組織の内部においては、職員がこれを計量化したうえでその正確性を確認し、上司に伝達することが困難なものである。なぜなら、このようなソフト情報は、貸し手の金融商品を提供するプロセスに加えて、オーナー個人や企業経営に関する情報を提供してくれる地域の商品供給者や顧客との接触を通じて獲得されるものだからである。現場の融資担当者が地域社会に住居を構えて、中小企業のオーナーや従業員、あるいは企業の事業内容に関する情報を有する他の企業関係者と個人的なつき合いを行うことによって、貸し手は当該企業やオーナー個人の財務状況、銀行契約の履行状況などを観察することが可能となるのである。

　2つ目の特徴は、現場の融資担当者自身がリレーションシップ貸出に伴うソフト情報の宝庫であるという点である。融資担当者が収集・蓄積したソフト情報は、財務諸表や担保、あるいはクレジットスコアリングにはない重要な価値を有するため、リレーションシップ貸出の貸し手はこれらの情報を活用することによってトランザクション貸出の貸し手よりも取引先情報の不透明性によって生じる問題をうまく処理することができるのである[17]。

　そして、3つ目の特徴は、リレーションシップ情報が不透明なソフト情報であるため、現場の融資担当者と銀行経営層との間にエージェンシー問題が生じてしまう点である。リレーションシップ貸出は、財務諸表などのハード情報に基づく貸出や担保などの資産を裏づけとした貸出、あるいはクレジットスコアリングを用いたトランザクション・ベースの貸出技術とは基本的に

17　Grunert, *et al.* (2005) は、ドイツの主要銀行4行の貸出データを用いて銀行によるデフォルト率推計の精度を分析し、財務に関するハード情報と非財務のソフト情報の双方を活用した場合のデフォルト推計は、そのいずれか一方のみを用いて推計した場合よりも精度が高いことを確認している。

異なる貸出プロセスを伴うため、それらの貸出とは異なる組織形態を必要とする。すなわち、現場の融資担当者によって入手されるソフト情報は容易に観察、認識、伝達され得ないため、リレーションシップ貸出に従事する銀行はトランザクション貸出に従事する銀行よりもソフト情報に頻繁にアクセスを行う現場の融資担当者に対してより多くの権限を委譲しなければならない。

しかしながら、現場の融資担当者や銀行経営層などの各々のインセンティブは異なる[18] ことから、現場の融資担当者へのより大きな権限委譲は、組織的なチェック・アンド・バランスを必要とするようなエージェンシー問題を銀行の中に生み出してしまう。したがって、リレーションシップ貸出に従事する銀行は、融資担当者に対する権限委譲を行う一方で、融資担当者や貸出そのものの成果をモニタリングするため、より多くの経営資源を投入することが必要となる。

Berger and Udell は、以上の分析を通じて、①規模の小さな銀行ほど中小企業に対するリレーションシップ貸出を行う傾向があること[19]、②規模の小さな銀行ほどその本部と顧客との間の物理的な距離が短くなること、③規模の小さな銀行ほど融資担当者による取引先企業やオーナーとの個人的なコミュニケーションがより多く行われる一方で、規模の大きな銀行ほど電話などの手段を用いたコミュニケーションが行われること、を指摘している。規模の小さな銀行ほど、現場の融資担当者が借り手の経営者に近接しつつ対面型のコミュニケーションを行うことによってソフト情報を収集し、これらの情報をリレーションシップ貸出に活かしているといった彼らの分析結果は、

18　例えば、現場の融資担当者は視野が短期的で、彼らが実行した貸出による短期的な収益に基づき報酬が与えられるため、リレーションシップ関係を通じて既存の借り手のビジネスをモニタリングするよりも、新規貸出の実行によって貸出を増やすインセンティブを有する（Berger and Udell 2002：p.39）。

19　Kim（2009）は、米国の南カリフォルニア地域の小規模銀行6行の55名の融資担当者と大規模銀行3行の融資担当者49名を対象とするアンケート調査を行い、貸出実行の意思決定を行う際の財務情報の活用のあり方が小規模銀行と大規模銀行との間で異なるか否かを検証した。その結果、双方の銀行ともに財務情報を重視しているものの、小規模銀行の融資担当者の方が大規模銀行の融資担当者よりも財務情報に対する信頼度が低く、非財務のソフト情報をより重視していることを確認している。

人と人との関係を重視するリレーションシップ貸出の特徴を示すものである
といえる。

　また、Elyasiani and Goldberg（2004）は、リレーションシップバンキング
に付加価値を与えるものとして、銀行が顧客との長期取引の過程で獲得する
情報に加えて、借り手企業やその関係者との間の対面型コミュニケーション
による取引を通じて獲得する情報があると論じている。リレーションシップ
の期間、すなわち、時間の経過とともに獲得される情報が貸出条件に影響を
与えるのみならず、対面型取引、すなわち、空間の近接化を通じて獲得され
る情報も貸出条件に影響を与えると指摘している。

　さらに、DeYoung, et al.（2008）は、借り手と貸し手との間の距離の拡大
および情報通信技術の進展や金融技術の革新の双方が貸出金の倒産確率に与
える影響についての実証分析を行い、借り手と貸し手との間の距離の拡大に
つれて倒産確率が悪化して貸出コストが増加すること[20]、またクレジットス
コアリング・モデルの利用は、銀行が中小企業の信用力をより早く、かつよ
り効率的に分析することを可能とし[21]、借り手と貸し手との間の距離の拡大
による悪影響を緩和していること、しかしながらその一方で、スコアリング・
モデルによる貸出はより高い倒産比率となっていること[22]を見出している。

20　Alessandrini, et al.（2009）は、規制緩和や情報・金融技術の進展が、銀行の地域経済への接
　近を大幅に促進させるような店舗や装備の地理的な拡散を刺激してきた一方で、銀行業界の再編・
　統合は銀行と地域社会との機能的距離を拡大させるような銀行の戦略意思決定機能の地理的集中
　化を生み出してきたと指摘したうえで、距離の拡大は、特にイタリアの中小企業に対して借入の
　制約をもたらしていることを確認している。
21　この点について、Berger, et al.（2011）も1990年代の米国の大銀行のデータを用いて金融技
　術と担保徴求との関係を分析した結果、中小企業向けのクレジットスコアリング・モデルの活用
　が情報の非対称性の問題を軽減し、銀行による借り手からの担保の徴求を軽減することを確認し
　ている。
22　このような知見は、より高い推計デフォルト率に伴う貸出コストを、銀行が多額のクレジット
　スコアリング貸出による利益によって吸収しようとしていることを示唆しており、クレジットス
　コアリングを活用する銀行はより多額の中小企業貸出を行う傾向があるとともに、これらの貸出
　がリスキーであるとするBerger, et al.（2005）の知見を補足するものであると論じている（De
　Young, et al. 2008：p.140）。

2 ソフト情報を活かす組織デザイン

　Stein（2002）は、分権的組織と階層的組織といった2つの基本的組織構造を用いて、組織デザインがリレーションシップ貸出に与える影響についての検討を行い、現場の融資担当者に与信決裁権限が付与されず、本部で集中的に与信審査業務を行う階層的組織よりも、現場の融資担当者に権限を付与する分権的組織の方が、ソフト情報をより適切に与信審査業務に活かすことが可能となることを示している[23]。

　彼は、まず中小企業向け貸出を最も特徴づける鍵として、Berger and Udell（2002）と同様、それが"ソフト情報"に依存している点を指摘している。中小企業の与信審査においては、財務諸表などの第三者に対して容易に伝達可能なハード情報のみならず、現場の融資担当者が直接経営者と面談を行い獲得した経営者の資質や技術力、販売力などのソフト情報が重視される。例えば、現場の融資担当者が日常業務において中小企業の経営者に直接接触しながら獲得する経営者の人柄や資質、仕事に対する取組姿勢などといったソフト情報は、書類等に記載されて上司に対して報告されにくいものであり、第三者への伝達が容易ではない。それゆえ、そのような情報を生産するエージェント以外のいかなる者もその内容の正確性について直接確認することはできない。

　完全な分権的組織の下では、ラインマネージャー自身が当該企業の経営者として、自らの計画通りの資金配分を行う権限を有し、自身のモニタリングの努力が無駄にはならないことを知っているので、モニタリングを行うインセンティブは比較的強いものとなる。ただし、分権化された組織においては、事業ユニット間をまたぐ資本の再配分については、外部の資本市場によるコ

23　彼は本研究において、分権的組織については、経営者が1人であるような小さな企業が、比較的わずかな数のプロジェクトの中から選択を行う組織のことを、また階層的組織については、多重の経営階層を有する大企業が、多数のプロジェクトを評価するような組織のことを想定している。

ストを要する調停が必要となる。これに対して、ラインマネージャーが大規模組織の中で働いている場合には、彼の上司が他の投資機会を選択する可能性があり、ラインマネージャーは自身の自由な資本配分が制限されるリスクに直面することとなる。もし、ラインマネージャーが自身のモニタリングに基づき行動する機会を得ることができない場合には、モニタリングの努力が報われないこととなるため、階層組織においてはモニタリングに対するラインマネージャーのインセンティブが機能しないこととなる[24]。

　このように、ソフト情報を有する分権的組織は、モニタリングに対するラインマネージャーの強力なインセンティブと事業ユニット間でのより良い資本配分といったメリットを有する一方で、企業のトップが中央集権的に資本配分を行う階層組織に比べて、資本配分を行うためにより大きなコストを必要とするといったデメリットを有する。したがって、これら双方のバランスをとることによって、ラインマネージャーのモニタリングに対するインセンティブとユニット間の資本配分の有効性が確保される限りにおいて、分権的組織は良い組織デザインとなり得るのである。

　彼は、以上の研究を通じて、ソフト情報にとっては企業の規模と業務範囲が限定されたマネジメント階層の少ない組織がより相応しいことを示した。すなわち、彼は、現場の融資担当者に与信決裁権限が付与されず本部で集中的に与信審査業務を行う階層的組織よりも、現場の融資担当者に権限を付与

24　Benvenuti, et al.（2010）は、イタリア中央銀行によって行われたイタリア国内の金融機関の貸出実態調査を基に分析を行い、規模が大きい銀行ほど、また営業店と本部との機能的な距離が遠いほど、中小企業向け貸出に消極的であるといった先行研究の知見を確認したうえで、①貸出の応諾や貸出金利の条件設定などの決裁権限を融資担当者に委譲したり、融資担当者の同一営業店での従事を長期化させることが、銀行を中小企業向け貸出に注力させること、②一方で、融資額を評価項目とした場合には、融資担当者は収益を評価項目とした場合よりもソフト情報の収集・活用に一層労力を要する中小企業向け貸出に対して消極的になること、を確認している。また、Hertzberg, et al.（2010）は、アルゼンチン国内にある米国の多国籍銀行の店舗データを用いた分析を行い、融資担当者を日常的に他の借り手に担当替えを行うといった銀行のローテーション政策が、自身の評価へのダメージを意識する融資担当者に対して、後任に暴露される前に自ら借り手の返済見通しに関する悪い情報を含んだより正確な情報をレポートさせることになると指摘している。

する分権的組織の方が、ソフト情報をより適切に与信審査業務などに活かすことが可能となることを提示したのである。

　また、Degryse, et al. (2009) は、銀行の組織構造と競争力との関係に注目し、ベルギーの銀行の中小企業向け貸出に関するデータを用いて実証研究を行った。彼らは、①地域で競合するライバル銀行が大規模な階層的組織を有し、優れたコミュニケーション技術を用いて迅速に貸出の意思決定を行う場合には、貸出を行っている銀行の営業店は借り手の企業との距離が近く、より権限移譲が行われており、ライバル銀行との金利差が大きくなること、②一方で、ライバル銀行において営業店への権限移譲が行われておらず、貸出の意思決定の際により多くの垂直的な組織階層を経由することからコストを要する場合には、貸出を行っている銀行と借り手の企業との距離が遠くなること、を確認している。

第5節　日本のリレーションシップバンキングと地域金融

　大村ほか (2002) は、金融機関の存在意義である与信審査能力が不足しているのではないかとの問題意識に基づき、倒産企業の倒産直前の財務データを用いることによって、中小企業を主とする倒産企業に対する金融機関の貸出態度および金融機関による倒産企業の事前の判別可能性についての検証を行っている。

　彼らは、まず、中小企業を中心とする1988年1月から2001年4月までの約13年間における倒産企業の倒産直前5年間の財務データ[25]を用いてその財務特性の分析を行い、①企業間信用の減少と総負債額の増加が観察され、利益の減少のため固定負債の返済が遅延する中で、倒産企業は短期借入金の増加によって当面の運転資金を補っていること、②企業間信用比率が倒産に

25　帝国データバンクのデータベースである「COSMOS 1」から抽出したもので、対象サンプルの大部分が通常入手困難な非上場企業となっている。分析対象の倒産企業数は1717社である。

関する安定的なシグナルであること、③金融機関の貸出は倒産企業の当期利益より売上高に感応的であること、④上位金融機関への格上げといったメインバンクの変更の場合において負債額の増加が顕著にみられること、を確認している。特に、データサンプルである倒産企業の大部分が非上場の中小企業であることを踏まえると、倒産直前 5 期間における短期借入金の増加は、金融機関が「追い貸し」を行ってきた可能性を示唆するものであると指摘している。

　次に、これらの財務データを用いて倒産企業の判別可能性を検証し、金融機関の与信審査能力の実態について検討している。具体的には、企業の倒産可能性を説明するリスク・ファクターとして、①販売動向、②追加融資、③支払余力、④自己金融能力、を想定したうえで、これらの代理変数として、それぞれ、①使用総資本売上高比率、②売上高短期借入金比率、③使用総資本純運転資本比率、④使用総資本留保利益率、の 4 つの財務指標を用いて、倒産直前の 5 期間についてロジット・モデルおよびハザード・モデルによってそれぞれの倒産・非倒産の判別分析を行っている。その結果、金融機関はいずれの時点においても財務情報を用いることによって、倒産 5 期前からかなりの精度で倒産可能性について有意に判別可能であることを確認している。

　そのうえで、金融機関が財務分析を通じて企業の倒産可能性を十分に予知することが可能であるにもかかわらず、倒産直前 5 期間において倒産企業の短期借入金が増加していることから、金融機関は倒産企業に対して「追い貸し」を行っており、適切な与信審査を阻害する何らかの誘因が金融機関に存在する可能性を示唆するものであると指摘している。

　彼らは、①金融機関借入への依存度の高い中小企業の貸出を回収することは、生命維持装置を取り外して中小企業を倒産に追い込むことに等しいため、地域経済への悪影響が懸念されること、②倒産企業のみならず他の企業からも面倒見の悪い銀行との悪評を受ける評判リスクが存在すること、③与信審査の失敗の顕在化を先送りすること、を具体的な誘因例としてあげて、これ

らの誘因が倒産企業への融資の早期打ち切りや回収の制約ならびに追い貸しの原因となり、金融機関のバランスシート調整の遅れを招いた点を指摘している。すなわち、彼らはこのような地域金融機関の地域社会との親密な関係そのものが自金融機関の収益性や健全性を損ねるとともに企業再生の遅延を招くといったリレーションシップ取引の負の側面を提示している。

　元来、地域社会との運命共同体的側面を強く有する地域金融機関は、地域社会からの期待に応えるべく地域社会に対する様々なコミットメントを行っており、それに伴うコミットメントコストの負担を完全に回避することは困難である。このような地域社会との親密な関係が過剰なコスト負担を強いることによって、地域金融機関の収益性や健全性を損ねてしまっているといった彼らの問題意識は、金融審議会金融分科会第二部会報告（2003）「リレーションシップバンキングの機能強化に向けて」においても指摘され[26]、以上の問題意識を踏まえて、金融庁（2003a）「リレーションシップバンキングの機能強化に関するアクションプログラム―中小・地域金融機関の不良債権問題の解決に向けた中小企業金融の再生と持続可能性（サステナビリティー）の確保―」の中で、地域金融機関が地域の企業再生や地域経済の活性化を通じて自らの収益性や健全性を向上させていくことが求められることとなった[27]。

　しかしながら、地域金融機関は、地域社会に張り巡らされた有人店舗を基盤とする地縁・人縁などのネットワークを通じて地元の中小企業や地域住民との濃密な接触を行い、精度の高い私的情報を収集しており、それらの情報

26　地域の中小企業や地域住民から期待される役割を果たすために、中小・地域金融機関が本業を通じた経済的な地域貢献活動やその他の様々な社会的・文化的な地域貢献活動を行うことに伴い発生するコストを「コミットメントコスト」と呼び、①金利水準からは正当化できない信用リスクの負担、②地域における悪評の発生を恐れた問題の先送り、③採算性を度外視したサービスの提供、の３つに分類している。そのうえで、地域に根ざして営業展開を行う中小・地域金融機関にとって、コミットメントコストの負担は避けがたい面があるものの、当然、中小・地域金融機関についても健全性の確保が求められることから、適正な金利や手数料の確保を通じてコミットメントコストの抑制を図る必要があると指摘している。

27　当該プログラムは、その実績等に関する評価等が行われ、新アクションプログラム「地域密着型金融の機能強化の推進に関するアクションプログラム（平成17〜18年度）」に引き継がれた。

を有効に活用することによって、適切な与信審査を行い得るものと考えられる。したがって、実効性のある地域経済の活性化の実現を目指すといった意味での真の地域貢献を志向する地域金融機関は、貸出債権の回収を行わず倒産直前まで追い貸しを続けて実質的な経営破綻企業を延命させることが決して地域経済のためにならないことを認識するであろう。そのような地域貢献志向の強い地域金融機関は、適切な与信審査能力を活かして事前に企業の経営悪化の事態を察知し、経営改善に向けた様々な支援活動を行うものと考えられる。もし、取引先企業が深刻な経営実態に陥っており経営の再建が困難であると判断した場合には、回復見込みのない企業を延命させることは地域経済のためにならないとの判断に至るであろう。地域金融機関は、適切な地域貢献活動を通じて適正利潤を獲得することによって、良好な財務体質を構築することが可能となるのである。それゆえ、適切な与信審査を阻害して地域金融機関の収益性や健全性を損ねる誘因は、先行研究が提示しているような地域社会との親密性ではなく、地域金融機関が地域の企業や住民とのウィン—ウィンの関係の構築を通じて地域経済の活性化を目指すといった、真の意味での地域貢献志向の欠如であると考えられる。

　大村ほか（2002）は、金融機関による「追い貸し」の可能性を指摘した[28]うえで、適切な与信審査を阻害してその収益性や健全性を損ねている誘因例として、地域社会との親密性が考えられることを、1つの可能性として提示しているに過ぎない。

　したがって、本書では、そのような阻害誘因は地域社会との親密性そのものではなく、むしろ実効性ある地域経済の活性化を目指す真の意味での地域

28　「追い貸し」の存在に関する先行研究としては、上場企業を対象とした関根ほか（2003）や Peek and Rosengren（2005）などがあるが、わが国の非上場企業の個社別財務データや取引銀行の健全性を踏まえた研究はほとんどない。これについて、福田ほか（2007）は、資本金1億円以上の非上場企業に対する貸出関数を推計し、ごく例外的な過剰債務企業に対してのみ「追い貸し」が行われており、借り手のバランスシートの悪化が原因の「追い貸し」が限定的である一方で、貸し手のメインバンクの不良債権比率の悪化が「追い貸し」を発生させた可能性を示唆する内容となっている。ただし、この場合においても、分析対象企業のメインバンクの半数以上が都市銀行や長期信用銀行、信託銀行となっており、地方銀行はおよそ30％にとどまっている。

貢献志向の欠如であるとの考えに基づき、以下の章において、①地域社会との運命共同体的側面を有するわが国の地域金融機関が、地域社会との共存共栄の実現を目指して、有人店舗を拠点とする地域住民との濃密なコミュニケーションを通じて経済的あるいは社会的・文化的な様々な地域貢献活動を行っていること、そして、②このような地域社会に対するコミットメントは地域金融機関自身の収益性や健全性を損なうものではなく、むしろプラスの財務効果をもたらしていること、について明らかにする。

第6節　リレーションシップバンキングの論点

　本章では、地域金融機関の中小企業金融取引の基本であるリレーションシップバンキングに関する先行研究のサーベイを通じてその論点整理を行い、貸し手の金融機関がリレーションシップの構築によって取引先企業や経営者に関するソフト情報を収集し、それらを与信審査などに有効に活用することによって、与信コストを削減しつつ情報の非対称性の問題を克服している点を明らかにした。

　海外における先行研究は、①リレーションシップ取引が借り手に関する私的情報の低コストでの獲得を可能とするため、銀行に短期貸出の実行やモニタリングの実施に際してのコスト優位性をもたらす一方で、②企業が経営危機に直面した際に、もし銀行との貸出契約についての再交渉が容易である場合には、借り手企業は十分な経営努力を行わないといったモラルハザードの問題や、リレーションシップ貸出が貸し手の銀行に情報の独占をもたらして、高い金利や担保の徴求などといった借り手にとって不利な条件での借入を強いることになるといった問題が存在すること、③リレーションシップの期間が貸出金利や担保徴求といった貸出条件に影響を及ぼすこと、④リレーションシップの期間は貸出金利よりもむしろ借入利用可能性に影響を及ぼすこと、⑤貸出市場における競争の拡大が長期のリレーションシップに基づく利益を

損なうこと、⑥取引主体の交渉力が効率的な資源配分を損なうこと、⑦規模の小さな金融機関ほど現場の融資担当者が借り手やその関係者に近接して個人的に接触してソフト情報を収集していること、⑧ソフト情報を与信審査業務に適切に活用するためには、階層的組織よりも分権的組織が望ましいこと、を主な論点としている。

その一方で、わが国の大村ほか（2002）は、地域金融機関の地域社会との親密な関係そのものが適切な与信審査を阻害して各金融機関の収益性や健全性を損なうとともに、企業再生の遅延を招いているといったリレーションシップバンキングの負の側面を指摘している。

リレーションシップバンキングにおいては、経営者の資質や技術力、販売力などといったソフト情報の収集と活用が不可欠であり、そのためには銀行内部の分権的組織構造に基づく現場への権限移譲や、貸し手と借り手との間の濃密な対面型コミュニケーションが重要な手段となっている。

元来、地域社会との運命共同体的側面を強く有する地域金融機関は、地元企業や地域住民との人的接触に基づき、精度の高い私的情報を収集・蓄積しており、それらの情報を与信審査業務などに活用することによって、適切な与信審査を行い得るものである。したがって、適切な与信審査を阻害して地域金融機関の収益性や健全性を損ねている誘因は、地域社会との親密性そのものではなく、実効性ある地域経済の活性化を目指すといった真の意味での地域貢献志向の欠如であると考える。

コラム2　ある法人営業担当者の1日

20○○年□月☆日（火曜日）

開店前　業務用パソコンにて本部からの通達および貸出金利等の水準を確認するとともに、融資案件の期日管理を行う。また、訪問予定先の案件対応

の進捗状況ならびに今後の取組方針について上司に報告する。

午　前　建設工事を行っているD社の経理部長と面談した際に、近年為替の変動リスクが高まり、海外から輸入している建設用資材の購入価格の変動幅が拡大するようになったとの情報が寄せられたため、輸入コストを平準化することを目的として為替の先物予約取引等を提案する。

午　後　医療用試薬の研究開発を行っているE社から寄せられた、手元資金の安定的かつ効率的な運用ニーズに対して複数のプランを提案する。当社の経営方針やグループ戦略、財務内容等を踏まえ、リスク許容可能な資金の運用額と運用プランを案内する。

20○○年□月☆日（金曜日）

開店前　今日1日の訪問予定先を踏まえ、それぞれの顧客ニーズに応じた提案内容を確認する。また、上司や同僚と情報共有を行いながら取組案件に対するアドバイスをもらう。

午　前　燃料電池の製造を主な業務としているF社に、支店長に随行する形で訪問し、社長と面談する。主要製品の納入先である大手電機メーカーのアプライアンス事業部門の業績が好調であり、今般製造ラインの能力強化を図ることとなったため、設備投資資金の提案を行う。

午　後　外食チェーンを展開しているG社が、業容の拡大および物流コストの効率化を目的として食品工場用地を探していることから、本部のコンサルティング担当者とともに本社を訪問のうえ複数の候補地を案内する。

夕　刻　営業および融資の各担当者が取引先企業の具体的な取組予定案件を基に、当該企業の経営方針や戦略、財務諸表および業界動向等に関する情報を持ち寄り、勉強会を行った。支店長をはじめとする上司の指導の下、経営戦略やビジネスモデル、財務内容、業界動向、事業の将来性などについて分析・検討を行い、顧客ニーズに基づく案件発掘力や提案力、与信判断能力等の強化に取り組む。

・勉強会の内容

1）事業性評価の方法について

　経営者は経営理念や経営ビジョンを通じて社会における存在意義や価値観を示し、経営戦略の策定やビジネスモデルの構築、事業への取り組みなどを通じて顧客や社会に新たな価値を提供し、企業価値の向上を目指す経済主体

である。このような企業経営の事業内容の評価に際しては、経営プロセスを
振り返りながら経営実態や課題の把握を行い、経営者との対話を通じて経営
実態についての共通認識を醸成することが重要である。事業内容を評価する
際には、事業特性は元よりビジネスモデルへの理解を深めることが重要であ
るため、自社の事業特性（company）や顧客・市場（customer）、競合相手
（competitor）の観点から分析を行う 3C 分析や、企業の内部資源と外部環境
について、それぞれを強みと弱み、機会と脅威の観点から分類する SWOT 分
析、製品や商品・サービスの製造・加工から販売・提供までの一連の活動を
可視化するビジネスモデル分析、財務諸表には記載されないものの企業の強
みとなる知的資産を浮き彫りにする知的資産経営報告書の作成などを行う。

　2）知的資産などのソフト情報の重要性について
　情報通信技術やグローバル化の進展に伴い、価値や富の主な源泉が財の生
産から知的資産の創造へと移行し、経済における知的資産の重要性が高まっ
ている。それゆえ、財務諸表の作成に基づく経営実態の外部への正確な伝達
が困難であり、非財務情報の有効活用が重要となる中小企業金融取引におい
ては、「企業の競争力の源泉」でありながら財務諸表には現れない、企業が存
在することの社会的価値そのものである経営理念や人的資源、ネットワーク
などの知的資産をより一層活用することが重要になっている。

・1 日の仕事の流れ

8:10　　出勤。業務用パソコンにて本部各部からの連絡事項に目を通す。その後、
　　　　本日の営業活動予定を確認のうえ、取引先ごとの活動方針等について
　　　　シミュレーションを行い、提案書類や関連資料等を確認する。

8:45　　営業担当者会議。

9:00　　訪問予定先の法人顧客を中心にアポイントの電話を入れる。

9:30　　支店を出発。午前中は面談予約先を平均 3 ～ 4 先訪問する。

12:00　帰店。営業活動の報告および顧客からの入電事項等の確認を行い、昼食。

13:00　支店を出発。午後も 3 件程度を訪問し面談する。

16:30　帰店。融資案件の稟議書を作成する。

18:00　退行。

地域金融機関の中小企業金融取引の特徴

第1節　中小企業金融の特徴としてのリレーションシップバンキング

　地域金融機関は、店舗をはじめとするハード面や「地縁」「人縁」を基本とするソフト面での地域社会との濃密な相互依存関係の構築を通じて、情報生産費用を低減しつつ情報の非対称性の大きな分野での情報生産活動を行い、他業態との差別化を図っている。すなわち、地域金融機関は借り手の中小企業とのリレーションシップ関係の構築を通じて借り手の経営実態などに関する私的情報を収集・蓄積し、それらを与信審査などに活用することによって、与信コストを削減しつつ情報の非対称性の問題を克服している。一方で、借り手の中小企業は、貸し手の地域金融機関とのリレーションシップ取引を通じて安定的な資金調達チャネルを確保している。

　そこで本章では、中小企業を主な取引対象とする地域金融機関の金融取引[1]の主な特徴を貸し手ならびに借り手の双方の観点から整理し、地域金融機関が中小企業金融取引においてリレーションシップバンキングを基本としている点を明らかにする。

1　ある企業が新規のプロジェクトをスタートさせるに当たり、必要な資金を外部からの借入による資金調達で賄うような場合、当該企業は貸し手から調達した資金については、将来のある時点で新規プロジェクトから得られる収益の中からこれを返済することを予定している。このように、企業と投資家との間で、現在と将来の異なる時点間で資金の貸借取引が行われることを金融取引という。

第2節　貸し手サイドからみた特徴

1　取引先情報の不透明性

　地域金融機関の主な取引先である中小企業は、第1に、規模が極めて小さく、組織体制や人材などの点での制約が大きいことから、財務諸表などの経営情報が十分に整備されていない。したがって、中小企業は市場から高い評価を獲得して資本市場から資金調達を行うことが困難であり、非公開市場や負債市場からの資金調達が重要な位置づけとなっている。

　第2に、大企業に比べて経営体力や組織力などの点で劣っている中小企業は、内外の経営環境の変化による影響を受けやすいため、当初計画通り新規プロジェクトが進行し、将来時点で資金が投資家に返済されるかどうかについては不確実性が高い。したがって、中小企業との金融取引における、将来時点で当初計画通り資金が企業から投資家に返済されない信用リスクも大きいものと考えられる。

　第3に、個々のプロジェクトの内容は千差万別であり、経営実態にも質的な格差が存在していることから、経営者の資質や技術力、販売力の評価および企業の将来性などの判断についても困難を極める。経営者の資質や技術力、販売力等に関する情報は、中小企業の経営実態の把握にとって最も重要な要素でありながら、それらが定性的な性質を有するがゆえに、具体的な評価や判断基準が設けられにくく不透明となりがちである。このような中小企業の評価についての本質的な課題の克服に向けて、わが国では金融検査マニュアルの充実化[2]や中小企業の評価についての具体的なチェック項目の整備[3]などが実施された。

　以上のような中小企業金融の特徴について、Berger and Udell (1998) は、「中小企業金融を定義づける最も重要な特徴は "情報の不透明性" である」

と指摘している。その理由として、①中小企業は大企業と異なり、公の目に
ふれるように広く報告するタイプの契約を行わず、被雇用者や商品供給者、
顧客等とのプライベートな取引を行っていること、②流通市場で取引される
有価証券を発行しないのでSEC（Securities and Exchange Commission：証券取引
委員会）にも登録されず、外部の金融提供者と共有できるような財務諸表を
作成しないため、自らの経営実態の内容について外部に対して正確に伝える
ことができないこと、をあげている。

　債務者の信用リスクがどれほどの大きさなのかについては、プロジェクト
の当事者である資金の借り手企業の方が貸し手よりも多くの情報を保有して
いる。このような、資金の借り手と貸し手との間で各々が保有している情報
が異なる、いわゆる情報の非対称性は、中小企業を対象とする取引の方が、
大企業を対象とする取引よりも大きいものと考えられる。

　したがって、地域の中小企業や個人をその主な取引対象とする地域金融機
関の金融取引は、それらの取引対象に関する正確な情報を継続的に入手し、
かつ経営実態を的確に把握することが容易ではないことから、情報の非対称
性が大きい金融取引であるといえる。

2　リレーションシップ取引によるソフト情報の収集

　情報の非対称性が存在すると、逆選択[4]やモラルハザード[5]の問題が生じて

2　金融検査マニュアルにおける中小・零細企業等の債務者区分の判断について、その抽象的記述
　によるわかりにくさや画一的運用に伴う弊害を排除し債務者の経営実態についての把握の向上に
　資するため、『金融検査マニュアル別冊〔中小企業融資編〕』が2002年6月に金融庁より公表さ
　れた。また、この別冊は、中小企業の実態により即したものとなるよう、2004年2月および
　2008年11月に一部内容が改定された。
3　中小企業の経営者や技術力、販売力の具体的な評価基準については、2002年12月に発表され
　た中小企業診断協会の「中小企業の評価マニュアル」を参照のこと。
4　個々の借り手の質について、貸し手が判別できないというタイプの情報の非対称性が存在する
　場合、貸し手は借り手の質に応じて異なる利子率を設定することができないため、全ての借り手
　に対して同一の利子率を設定することになる。このような状況下では、デフォルトの可能性が低
　いような質の良い借り手にとっては、自身のプロジェクトのリスクに見合う利子率よりも高い利
　子率が要求されることとなってしまい、質の良い借り手は借入を断念することとなり、その結果、
　質の悪い借り手だけが貸借市場に残ってしまうという問題が生じることとなる。

効率的な資金配分が阻害されることから、貸し手と借り手の双方において、情報の非対称性を解消するための取り組みが行われることとなる。すなわち、貸し手においては、借り手に関するより正確な実態の把握に向けたモニタリングが行われる一方で、借り手においては、自らが保有する情報をより正確に、かつ積極的に開示するといった情報の非対称性の克服に向けた取り組みが行われるのである。したがって、情報の非対称性が存在すると、投資家は借り手の実態についてより一層正確に知りたいというニーズを有することから、ここに情報生産の余地が生まれることとなる。

しかしながら、情報生産は専門的能力を必要とし、また規模の経済性を有するため、投資家は自らモニタリングを行うよりも金融機関に委託する方が、コストをより一層低減することが可能となる。したがって、情報の非対称性が存在する場合には、金融機関が借り手に関する情報を獲得して継続的にモニタリングを行うことは、コスト優位性を有している。特に、情報の非対称性が大きい分野を主なマーケットとして金融取引を行う地域金融機関にとって、そのような分野での借り手のモニタリングを通じた情報生産機能の余地は大きいものと考えられる。

なぜなら、地域金融機関は、特定の地域において、稠密な店舗網や人的な繋がりなどのネットワークを通じて継続的に顔のみえる取引を行い、財務諸表などのハード情報のみならず、経営者の資質や技術力、販売力といったソフト情報など、地元企業等に関する豊富な情報を入手・活用することによって、地元企業や地域住民、自治体等の様々なニーズにきめ細かく対応しているからである。すなわち、地域金融機関は「地縁」や「人縁」といった地域社会との濃密な相互依存関係の構築を通じて、個別性や相対性の極めて強い

5　借り手が複数のプロジェクトを選択することができ、借り手が選択したプロジェクトについて貸し手がそれを把握できないというタイプの情報の非対称性が存在する場合、借り手は自分の行動が貸し手にはわからないということを利用して、自分にとって有利な選択を行うことができることから、借り手のモラルハザードが生じ、貸し手に不利益をもたらす可能性がある。

私的情報を入手し、それらの情報を与信審査などに活用することによって情報の非対称性の問題を克服しているのである。地域金融機関は、このようなリレーションシップ取引を通じて、情報の非対称性の大きな分野での情報生産活動を行い他業態との差別化を図ることによって、金融仲介機関としての自らの存在意義を確保しているのである。

　また、将来起こり得る全ての事象について現時点で正確に予想し、それらの全ての事象を契約に盛り込むことは現実的には不可能である。したがって、資金の貸借取引において、資金を借り入れた企業が将来何らかの理由で返済が不可能となった場合には、その時点で必要な対応策を検討し、新たな契約を再度締結することが必要となる。このような将来発生し得る全ての事象を現時点では網羅しない契約のことを不完備契約というが、契約が不完備である場合には、将来のある時点において当事者間で再び交渉を行ったうえで契約を締結し直すことが必要となる。このような場合に、それらの一連のプロセスが低コストで容易に行われるかどうかが、当事者双方の経営の効率性といったミクロの側面においても、また資源の効率的配分といったマクロの側面においても重要な鍵を握っている。

　金融取引においては、将来における再交渉の容易さが重要なポイントである。この点においても、銀行貸出は資本市場からの資金調達に比べて優れているといえる。とりわけ、情報の非対称性の大きい中小企業との金融取引において、有人店舗を中心とする濃密な人的ネットワークを通じて日常的に顔のみえる相対取引を行い、中小企業の経営実態に関するモニタリングを常時行っている地域金融機関は、それらの取引先と比較的容易に再交渉し得る立場にあることから、地域金融機関の金融取引には優位性が存在するものと考えられる。

第3節　借り手サイドからみた特徴

1　資金調達のリレーションシップ取引への依存

　わが国の金融取引は、戦後において間接金融にウェイトを置いた銀行の預金・貸出業務を中心とする発展形態をとってきたため、米国などに比べて資本市場の発展が比較的遅れることとなった。このため、資本市場での評判が確立しておらず、社債等の市場からの資金調達が困難である中小企業は、近年自己資本比率の上昇に伴い借入比率が低下傾向にあるものの、依然として大企業に比べて金融機関からの借入に依存する度合いが高い状況となってい

図 4-1　企業の資金調達構成の推移

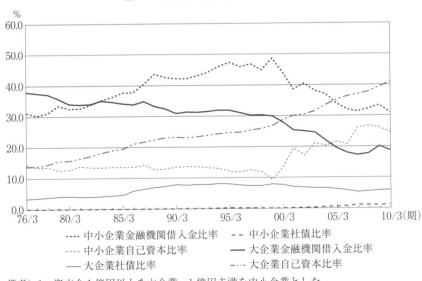

備考）1. 資本金 1 億円以上を大企業、1 億円未満を中小企業とした
　　　2. 金融機関借入金比率＝短期・長期金融機関借入金／総資産
　　　3. 社債比率＝社債／総資産
　　　4. 自己資本比率＝自己資本／総資産
出典）財務総合政策研究所「法人企業統計年報」より作成

る（図4-1）。

　このように、中小企業の金融機関からの借入依存度が高い状況となっている理由として、①上場している大企業の経営実態を評価・格付けする外部格付機関や証券アナリストは存在しても、未上場の中小企業に関する詳細な経営情報の提供を行う外部格付機関や証券アナリストはほとんどといって良いほど存在しないこと、また、②中小企業自らがそのような経営情報を作成し開示を行うことはコスト負担が大きく、人的・組織的対応力などの経営管理上の制約も大きいこと、があげられる。中小企業が市場で評価を得ることができるような透明性の高い情報を確保することは極めて困難であり、金融機関との中長期・継続的なリレーションシップ取引を通じて安定的な資金調達チャネルを確保することが重要となっているのである。

　この点については、『中小企業白書』（2002）において、従業員規模が小さい企業ほど、①資金調達を金融機関からの借入金により一層依存していること、②都市銀行よりも地方銀行・第二地方銀行や信用金庫・信用組合といった地域密着型の業態をメインバンクとしていること、③ディスクローズをはじめとする直接金融利用時に必要となる体制の整備等に要するコスト負担が大きいことから直接金融を実施せず、かつその利用も希望していないこと、が示されている。また『中小企業白書』（2008）においても、①従業員規模が小さくなるにつれて金融機関からの借入への依存度が高くなっているとともに、②約6割の中小企業が同じ都道府県内に本店を置く地域金融機関をメインバンクとしており、③従業員規模の小さい企業ほど同じ都道府県内に本店を置く地域金融機関をメインバンクとする傾向があること、が明らかにされている（図4-2）。

　一方、Berger and Udell（1998）は、①米国においても中小企業は市場で高い評価を得ることが困難であるため、非公開・負債市場からの資金調達が重要であり、米国の中小企業は外部負債にその多くを依存していること、②貸し手の銀行は企業とリレーションシップ関係を構築する過程で収集・蓄積

88

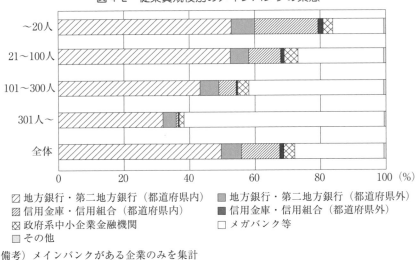

図 4-2　従業員規模別のメインバンクの業態

凡例:
- ☑ 地方銀行・第二地方銀行（都道府県内）
- ▨ 信用金庫・信用組合（都道府県内）
- ⊠ 政府系中小企業金融機関
- ▦ その他
- ▥ 地方銀行・第二地方銀行（都道府県外）
- ■ 信用金庫・信用組合（都道府県外）
- □ メガバンク等

備考）メインバンクがある企業のみを集計
出典）東京商工リサーチ（2007）

　した借り手に関する私的情報を用いることによって、マーケット・パワーを獲得するようになること、を指摘している。もし、ライバルの貸し手が企業や企業家の預金および貸出金口座から借り手に関する情報を選り抜くことができないならば、すでにリレーションシップ取引を行っている銀行が情報を独占的に利用することによってマーケット・パワーを獲得することとなるのである。

　このように他の代替的な資金調達手段をもたない中小企業が、高い金利負担を強いられてもリレーションシップ取引に依存するような場合には、取引に際して貸し手の銀行の交渉力が大きくなる傾向があると考えられる。そのような場合には、Rajan（1992）が指摘しているように、借り手企業が獲得する収益が過小となり、借り手の経営努力に対するインセンティブを低下させるため、資源配分を歪めてしまう可能性が存在する。

2　金融機関優位の取引交渉力

1）わが国の不公正取引についての調査

　金融機関がその優越的な地位を利用して融資先企業に対して様々な取引要請を行った場合に、当該企業は自らの意思に反して、先々の融資取引等への悪影響を回避する目的から不利益を被るような要請にも応じる可能性が存在する。このような場合には、貸し手の金融機関による取引先企業に対する優越的地位の濫用としての独占禁止法上の問題を生じさせかねない。独占禁止法（私的独占の禁止及び公正取引の確保に関する法律）第19条の「不公正な取引方法の禁止」の観点から、わが国における金融機関の融資先企業に対する不公正取引の存在について調査したものとして、公正取引委員会が2001年7月および2006年6月に公表した「金融機関と企業との取引慣行に関する調査報告書」[6]がある。本節では、当該アンケートの調査結果の内容を分析することにより、金融機関からの取引要請に対する企業の対応状況についての検討を行う。

2）金融機関からの取引要請の実態

　前節でふれたように、大企業による資本市場からの資金調達の割合が増加している一方で、中堅・中小企業の金融機関からの借入への依存度が依然として高いことが、2001年7月公表の調査でも明らかになっている。また、金融機関からの借入に占めるメインバンク[7]からの融資割合は、大企業で20％超〜40％が全体の約6割、40％超が約2割である一方で、中小企業におい

6　2001年公表分は、1999年4月から2000年3月までの決算報告書において短期借入金がある全国の法人事業者の中から無作為抽出により5000社を選定してアンケート調査を実施したもので、回答企業数は4290社。また2006年公表分は、短期借入金がある全国の法人事業者の中から無作為抽出により2000社を選定してアンケート調査を実施し、1299社から回答を得ている。両調査間で、企業規模や業種、地域の構成等に差異が存在するため、アンケートに回答した企業について必ずしも同質の集合とはみなせない点に留意する必要がある。なお、このアンケート調査の金融機関は、銀行、信用金庫、信用組合等の預金金融機関をさす。
7　2000年9月末現在の企業における借入残高が最も多い金融機関をさす。

図 4-3　意思に反して要請に応じた借り手企業の割合

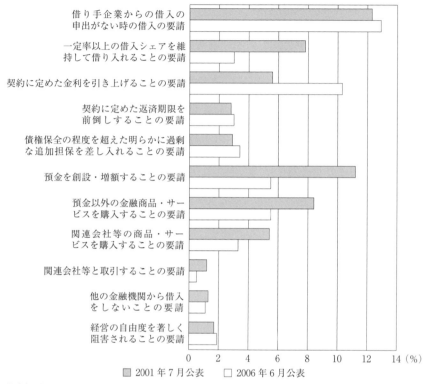

備考）有効回答数＝978（企業アンケート）
出典）公正取引委員会事務総局（2001、2006）

ては 40％超が半数以上となっており、中小企業は大企業に比べて、メイン
バンクからの借入の割合が高い状況となっている。さらに、融資を受けてい
る企業が取引金融機関を変更することは、当該金融機関との取引を打ち切ら
れたとみなされかねず、風評リスクの顕在化によって自己の信用悪化に繋が
る可能性があることから、取引金融機関を変更しにくい状況が明らかにされ
ている。

　一方、金融機関は信用リスクの軽減や資金運用益、手数料収入等の拡大を
通じて取引採算性の向上を図るため、各種の金融取引の要請を取引先企業に

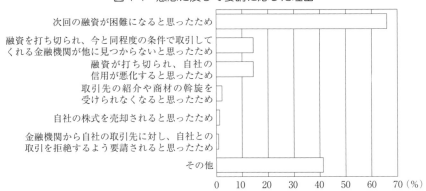

図 4-4　意思に反して要請に応じた理由

次回の融資が困難になると思ったため

融資を打ち切られ、今と同程度の条件で取引して
くれる金融機関が他に見つからないと思ったため

融資が打ち切られ、自社の
信用が悪化すると思ったため

取引先の紹介や商材の斡旋を
受けられなくなると思ったため

自社の株式を売却されると思ったため

金融機関から自社の取引先に対し、自社との
取引を拒絶するよう要請されると思ったため

その他

備考）有効回答数＝ 246（企業アンケート）
出典）公正取引委員会事務総局（2006）

対して行っており、その内容は、①融資に関する取引条件の設定・変更、②自己の提供する金融商品・サービスの購入の要請、③関連会社等との取引の要請、④競争者との取引の制限、⑤融資先企業の事業活動への関与、の 5 つの行為類型に整理される。2001 年 7 月および 2006 年 6 月公表の両調査において、①と②の行為類型の要請が他の行為類型に比べて多い結果となっており、自らの意思に反して金融機関の要請に応じた企業の数が多いことが明らかになっている（図 4-3）。

　特に、金融機関からの要請を断りにくいと感じている企業が、2001 年では全体の 41.9％、2006 年では全体の 30.3％となっており、その比率は低下しているものの、依然として金融機関からの要請を断りにくいと感じている企業が少なくない状況となっている。このように企業が自らの意思に反して金融機関からの要請に応じる理由として、①すでに融資を受けている金融機関からの次回の融資が困難になると思ったため、②融資を打ち切られ、今と同程度の条件で取引してくれる金融機関が他に見つからないと思ったため、③融資が打ち切られ、自社の信用が悪化すると思ったため、などをあげている（図 4-4）。

　以上の調査結果によると、中小企業が事業活動を推進するうえで、金融機関からの借入が果たす役割は依然として大きく、金融機関は融資等を通じて企業に対して影響力を行使し得る立場にあることがうかがわれる。すなわち、金融機関は融資をはじめ、預金やその他の様々な金融商品・サービスの購入および関連会社との取引などを取引先企業に対して要請し、このような要請を受けた企業は将来の融資取引等への悪影響を懸念して自らの意思に反しても要請に応じる可能性が存在することを示唆するものである。もし、金融機関がその優越的な地位を利用して影響力を行使し、不当な不利益を企業にもたらすならば、企業の優劣が商品・サービスの価格や品質以外の要因によって左右されるため、公正かつ自由な競争の維持・促進といった独占禁止法の基本理念に反することとなる[8]。

　公正取引委員会による以上の調査結果の内容は、リレーションシップ取引が取引主体間の交渉力に依存するといった Rajan（1992）の指摘と整合的であるといえる。すなわち、彼は、①貸し手の金融機関の交渉力が大きい場合には、再交渉によって増加した収益の多くを貸し手が獲得してしまうため、借り手企業の収益が小さくなってしまい、借り手の経営努力に対するインセンティブを阻害してしまうこと、そして、②そのような場合には、収益配分が双方の交渉力に依存することに伴い、効率的な資源配分が損なわれる可能性があること、を指摘している。このような問題は、貸し手の金融機関による企業に対する優越的地位の濫用によって、公正かつ自由な競争が損なわれるといった独占禁止法上の問題と表裏一体であることを示すものであるといえる。

8　公正取引委員会は、融資取引関係にある事業者に対して融資取引の条件などとして金利スワップの購入を強要したことが独占禁止法第 19 条（不公正な取引方法第 14 項〔優越的地位の濫用〕第 1 号に該当）の規定に違反するとして、2005 年 12 月 2 日、三井住友銀行に排除勧告を行っている。このような独占禁止法に基づく大手銀行に対する排除勧告は、1953 年の旧日本興業銀行、1957 年の旧三菱銀行以来 3 件目である。

第 4 節　リレーションシップ取引のメリット

　地域金融機関が主な取引対象とする中小企業は、経営管理上の制約等によって自ら経営実態に関する透明性の高い情報を整備・開示することが困難であり、また格付会社等の外部評価機関による情報提供もほとんどないことから、市場での確固たる評価を得て資金調達を行うことは難しく、金融機関からの借入に依存することとなる。したがって、中小企業は金融機関との中長期的なリレーションシップ関係の構築を通じて安定的な資金調達チャネルを確保することが重要となる。

　一方、地域金融機関にとっても、取引先の財務情報などのハード情報のみならず、経営者の資質や技術力、販売力などの第三者に伝達することが困難なソフト情報を獲得し、それらの情報を与信審査などに活かすことが適切な与信管理を行ううえで重要な要素となっている。このような定性的情報は、預金や決済取引、中長期の与信供与などの取引先企業との幅の広い継続的な取引関係の構築過程において貸し手によって獲得されるものであり、そのような情報の入手を可能とするリレーションシップ取引は、私的情報の収集・活用を通じて債務者の実態把握に資するなど、地域金融機関にとっても信用リスク管理上有益である。

　この点については、先の『中小企業白書』(2002、2008) において、規模の小さな企業ほど、①金融機関からの借入といった間接金融を重要な資金調達手段としており、また、②地域金融機関をメインバンクとしていること、そして、③それらの企業が借入によって資金調達を行う際の条件については、企業がメインバンクとする金融機関との取引年数が長いほど借入金利が低く、また借入が拒絶される可能性も低くなること、さらに、④企業のメインバンクが大手行から地方銀行や第二地方銀行、信用金庫、信用組合へと規模の小さな業態になるほど借入が拒絶される可能性が低くなること、が指摘されて

いる。

　したがって、規模の小さな企業ほど、より地域密着型の業態の金融機関と長期的な関係を構築して安定的な資金調達を図っており、また、金融機関サイドにおいても、企業との長期・安定的な貸出取引を通じてのみしか得られない企業の内部情報を獲得・活用することによって、モニタリングコストの低減や信用リスク管理の強化、貸出金利水準の低下を図っているものと考えられる。

　以上のように、貸し手が借り手との長期・安定的な関係の構築に基づきハード情報のみならずソフト情報を収集・活用して貸出を行うリレーションシップ取引は、情報の非対称性が大きい中小企業金融の分野における、情報生産活動によるエージェンシーコスト[9]の軽減や、不完備契約における再交渉の容易性などの点で、借り手の中小企業および貸し手の地域金融機関の双方にとって利点がある。このようなリレーションシップ取引の特徴は、まさに情報の非対称性の大きい中小企業との金融取引を主な活動分野とする地域金融機関の経済的機能の特徴であるといえる。

第5節　貸し手と借り手の双方にとってのメリット

　本章では、地域金融機関の中小企業金融取引の主な特徴として、取引先の経営実態に関する情報が不透明であること、またそれに伴う情報の非対称性の問題を克服するため、リレーションシップバンキングを基本としている点を指摘した。そして、借り手の中小企業は、リレーションシップ取引によって安定的な資金調達チャネルを確保することが可能となる一方で、貸し手の地域金融機関にとっても、取引先の財務情報などのハード情報のみならず、

9　資金の貸借取引において、資金の貸し手である投資家と借り手である企業との間に情報の非対称性が存在する場合、借り手である企業の経営実態をモニタリングし逆選択やモラルハザード等の弊害を回避するためにはコスト負担が必要となるが、このコストのことをエージェンシーコストという。

経営者の資質や技術力、販売力などのソフト情報を獲得し、それらの情報を与信審査などに活用することによって、与信コストを削減しつつ有効に信用リスク管理を図ることが可能となるなど、リレーションシップ取引には貸し手の地域金融機関と借り手の中小企業の双方にとってのメリットが存在することを明らかにした。

コラム 3　ある為替担当者の 1 日

20 ○○年□月☆日（水曜日）

開店前　金庫から為替業務に必要な伝票等の備品一式を取り出し、事務処理端末を立ち上げて開店に備える。

午　前　来店されるお客さまを店頭窓口でお迎えし、振り込みや送金、口座振替、代金取立などの国内（日本円）の為替取引を行う。本日は大学の入学試験の結果発表後ということもあり、学校の入学金の納付のために来店されるお客さまが多かった。「合格おめでとうございます！」とお祝いの言葉を伝える。

午　後　顧客から事前にお預かりしていた口座振替依頼書に基づき、取引先企業の当座預金口座から各従業員の普通預金口座へ給与を振り替えて入金する事務処理を行う。

閉店後　銀行に持ち込まれた手形や小切手の事務処理を行い、手形交換所への持ち出しを行う。また、為替取引に伴う重要書類の不備がないことを確認し、金庫室に保管する。

夕　刻　内国為替担当者が集まり、為替取引の仕組みなどについての勉強会を行う。

・勉強会の内容

1）為替取引の利点について

離れた場所にいる個人や企業の間で現金を運搬することなく資金の受け渡しを行う取引を内国為替取引という。個人や企業などが商品やサービスの売買などの経済活動を行うことで購入者と販売者との間で貸借関係が生じるが、

この場合に商品やサービスの購入者が販売者に代金を支払い、貸借関係を解消することを「決済」という。

　一般的に、現金の支払いによって決済を行うが、決済金額が高額になると現金の運搬の際の盗難や紛失リスクが高まり、時間やコストも要することとなる。これに対して為替取引は離れた場所の間で直接に現金を運搬することなく、為替端末処理によって為替取引の相手金融機関との間で電子的情報のやりとりを行い、資金を送る人と受け取る人のそれぞれの預金口座の金額を増減させて資金を移動させることから、安全かつ迅速な決済が可能となるといったメリットがある。このように為替業務は常に信用関係が発生することから、利用者保護の観点から銀行固有の業務として、預金業務や融資業務と並ぶ銀行3大業務の1つとして位置づけられている。

　銀行は、資金を送る人と受け取る人のそれぞれの預金口座の金額を増減することで為替取引を提供している。日本中の銀行や信用金庫や信用組合、農協、労働金庫などの金融機関とオンラインで相互の資金移動を行うことのできるネットワークが構築されているため、銀行や信用金庫、信用組合などの窓口やATM、あるいは近年ではインターネットバンキング・モバイルバンキングなどによって振り込みができるようになっている。

2）為替取引の仕組みについて

　同じ銀行に開設された2つの口座の間で為替取引を行う場合は、銀行が資金を送る人の口座残高を減少させ、受け取る人の口座の残高を増加させることで電子的に資金を振り替える。この場合、実際にお金が動くことなく資金移動が完了する（図4-5）。

　一方、異なる銀行間の口座で為替取引を行う場合は、現金を送る人の取引銀行は、現金を受け取る人の取引銀行に対して資金を支払う必要があり、当該処理を効率的に行うための「決済システム」が用いられる（図4-6）。

図4-5　同一銀行内での振込取引

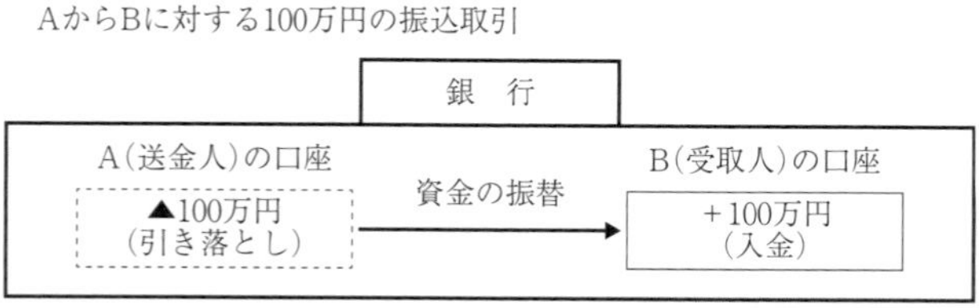

AからBに対する100万円の振込取引

銀　行

A（送金人）の口座　　資金の振替　　B（受取人）の口座

▲100万円（引き落とし）　→　+100万円（入金）

図4-6　異なる銀行間での振込取引

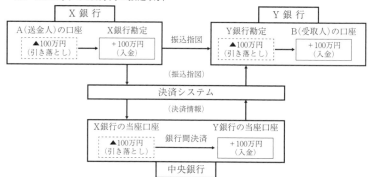

AからBに対する100万円の振込取引

X銀行およびY銀行のそれぞれの顧客間での振込取引に伴い生じるX銀行とY銀行との間の債権・債務関係は、日本銀行に設けられたX銀行およびY銀行の各当座預金勘定の振替によって決済される

・1日の仕事の流れ

8:30　出社。必要な書類・備品等一式の準備、事務処理端末の立ち上げ後、店内情報の連携等を行う。

9:00　開店。

12:00　休憩、昼食。

13:00　為替業務。

15:00　為替締め作業、手続き関連書類等の処理、顧客宛てレターの作成などを行う。

16:00　為替担当者ミーティング、勉強会を開催する。

17:00　退社。

地域金融機関の地域貢献志向の分析

第1節　経済的行為者および社会的行為者としての地域金融機関

　わが国の地域金融機関は、地域社会に対する社会的責任を果たすため、経済的な地域貢献活動に加えて、その他の様々な社会的・文化的な地域貢献活動にも取り組んでおり、これらの活動は経済的領域のみならずその他の領域においても地域社会に対して多大な影響を与えている。すなわち、地域金融機関は市場メカニズムの下、私企業性を有する「ホモ・エコノミクス」として、利潤極大化を追求する存在である[1]とともに、地域社会との共存共栄を志向する存在として、地域社会の他の構成者との協働を通じて地域社会から期待された役割分担を自発的に遂行する「社会的行為者」としての側面をもあわせもっているのである[2]。

　しかしながら、地域金融機関を扱った従来の研究においては、市場メカニズムの下、利潤を追求する「経済的行為者」の側面のみに焦点が当てられ[3]、経済的貢献のみならず社会的・文化的な地域貢献活動を行う地域金融機関の

1　Keynes は、「あらゆる人が漠然と理解している正常利潤の経済学説は、資本主義を正当化するための必要条件である。企業家の存在が容認されるのは、大まかにいって、またある意味において、彼の活動が社会に貢献してきたことと彼の利潤がなんらかの関係をもっていると考えられるかぎりにおいてである」（Keynes 1931 = 1981：p.81）と述べている。また、この点に関して、滝川（2008）は、Keynes が「インフレーションによって企業家にもたらされる計算外の利益は不平等な報酬であり、正当化されるものではない」としていることを論じている。

2　富永（1997）は、ホモ・エコノミクスを、経済的利得（効用・利潤）を最大にするといった最大化基準と、他者の感情や態度にはいっさい配慮せずまたその影響も受けないといった利己主義基準の2つの基準によって規定し、「『多元化基準』および『役割期待基準』による社会的行為者のモデル化をホモ・ソシオロジクスと呼ぶことにしよう」と述べている。

「社会的行為者」の側面については、考察の対象とされることはほとんどなかった[4]。

　そこで本章では、具体的にわが国の地方銀行の経営計画の内容を分析することによって、地域社会との共存共栄を目指して様々な地域貢献活動に取り組む地域金融機関が「経済的行為者」と「社会的行為者」の側面を有することを確認し、その含意についての考察を試みる。はじめに、不良債権問題の解決のアプローチや監督上の措置、金融検査マニュアル、自己資本比率規制などの事例にみられるように、わが国の中小・地域金融機関を対象とする金融行政の対応方法は、大手主要行を対象とする場合と異なる点[5]について取り上げる。

　次に、このように金融行政上の対応方法が異なる理由として、地域金融機関は「経済的行為者」としてのみならず、「社会的行為者」としての立場からも経済的ならびに社会的・文化的地域貢献活動にも取り組んでいるといった「二重性」の側面を有している点を指摘する[6]。

　このような二重性には3つの側面があり、その第1点目として、地域金融

3　滝川（1997）は、現代金融経済論を貨幣・信用経済の理論と位置づけて、貨幣・信用の作用と銀行の役割といった現代金融経済論の基本問題の分析を行っている。特に、貨幣・信用については、銀行にかかわる信用が大きいとして、信用を主として「信用貨幣（預金通貨）」と「銀行信用（貸出金）」の2つの意味で用いて、貨幣・信用（預金通貨と貸出金）の作用とそれに積極的にかかわる銀行のマクロ経済的役割を体系的に検討している。

4　家森（2004）は、金融ビッグバンなどの規制緩和に伴い競争市場の整備が進み、地域金融機関がより一層の経営の効率化を求められるようになってきている現状認識を踏まえつつも、他方で、米国の地域社会再投資法（CRA）にみられるように、地域社会への貢献といった公共的な役割も重要であり、地域金融機関の行動に対して収益基準以外の公共性の視点を組み込むことも不可欠であるとの認識を示している。これに対して本書では、「地域社会への貢献」について「経済的行為者と社会的行為者の互いに補完し合う二重性」の側面から分析を行っている。

5　堀内昭義（2003年当時、金融審議会第二部会長）は、この点について、「リレーションシップは明らかにダブルスタンダードだが、地域経済は疲弊しており、ある程度は金融的に支えていく必要がある」との認識を示している（『金融経済新聞』2003年9月1日）。

6　滝川（2002、2003）は、わが国の金融に存在する様々な「二重性の問題」を分析するためには、あらゆる注意を「経済人（ホモ・エコノミクス）」をめぐるモノやカネだけに集中する金融論のみならず、ヒトすなわち有機的資本「人間（ホモ・ソシオロジクス）」を扱う社会学も必要になるとし、社会学の分析ツールを金融論において用いることが可能であるかといった問題意識から金融社会学の成立可能性について論じている。また、滝川（2006）は、経済学（金融論）と狭義の社会学を総合したものを金融社会学と呼んで、双方の観点から郵政民営化の問題を分析している。

機関は経済的利得である効率性や収益性の極大化といった経済合理性の観点から経営を行う「経済的行為者」であるのみならず、地域社会への貢献といった社会的役割をその行動規準として経営を行う「社会的行為者」でもある点があげられる。第2点目が、営利企業として功利主義の規準に基づき利潤極大化行動をとることから、他者の感情や態度には一切配慮せず「人と物との関係」のみを扱う存在であることに加えて、地域社会とのフェース・トゥ・フェースのコミュニケーションを基本とするリレーションシップ取引を行い、「人と人との関係」を重視する存在でもあるという点である。そして第3点目が、貨幣を媒介手段として、所得や金融資産、実物資産などの物的資源の交換である「経済的交換」を行うことに加えて、地域社会からの信頼や信認などの社会的資源の交換である「社会的交換」をも行うといった点である。

　わが国の地方銀行は地域経済の活性化に向けて様々な地域貢献活動に取り組んでいるが、その際に、二重性に関する3つの側面のうち、特にどの側面を強く意識して活動しているのかについては、それぞれの地方銀行によってまちまちであり個性が存在する。したがって、最後に、各地方銀行の経営方針における二重性の認識パターンに基づきわが国の地方銀行を分類することによって、その特徴について考察する。

第2節　地域金融機関の経営特性を踏まえた金融行政

　金融庁は、わが国経済の再生を図るため2002年10月に「金融再生プログラム」を取りまとめ、同年11月には金融再生プログラムで取り上げた具体的な施策の内容や実施時期を定めた「作業工程表」を公表した。金融再生プログラムは、大手行に対しては2004年度までの2年半で不良債権比率を半分程度まで低下させるよう不良債権処理の加速を要請する一方で、地域金融機関に対しては主要行とは異なる特性を有するとして、「リレーションシップバンキング」のあり方を多面的に検討したうえでアクションプログラムを

策定することとし、別途対応が図られた。これを受けて金融審議会は2003年3月に「リレーションシップバンキングの機能強化に向けて（報告書）」を取りまとめ、金融庁は当該報告書を踏まえて、2003年3月に「リレーションシップバンキングの機能強化に関するアクションプログラム——中小・地域金融機関の不良債権問題の解決に向けた中小企業金融の再生と持続可能性（サステナビリティー）の確保——」を公表した。

　このアクションプログラムは「金融再生プログラム」における主要行に対する施策とは異なり、不良債権処理を前面には出さず、地域金融機関が地域金融の再生や企業再生を支援することを通じて、金融機関としての収益性や健全性を回復させることを目指すこととなった。なぜなら、地域金融機関は地元経済や企業等との一体性が強いため、不良債権処理を加速させることが地域経済に悪影響を与えかねないと懸念されたためである。したがって、当該プログラムにおいて、地域金融機関については主要行とは異なる比較的マイルドな対応が求められることとなり、本来のリレーションシップバンキングの利点が活かされるよう、各々の中小・地域金融機関は具体的施策を2004年度末までの「集中改善期間」に実行することを求められるとともに、2003年8月末までに金融庁に対して銀行法第24条第1項に基づき「リレーションシップバンキングの機能強化計画」を提出することとなった。

　この機能強化計画には、半期ごとに金融当局からその進捗状況のフォローアップが実施されること、そして2003年度中に金融庁が「中小・地域金融機関向けの総合的な監督指針」を策定し、多面的な評価に基づく監督体系を確立することについても盛り込まれることとなった。特に、「中小・地域金融機関向けの総合的な監督指針」が策定されることとなった背景として、地域密着型の営業を展開する中小・地域金融機関の業務特性や地域社会から期待される役割を考慮すると、従来の金融行政における早期是正措置と早期警戒制度の2本柱に加え、コーポレートガバナンスや地域貢献などの観点も取り入れたより一層多面的な評価に基づく総合的な監督体系の構築が必要であ

るとの認識が存在することがあげられる[7]。

　また、金融庁は 2003 年 6 月に「公的資金による資本増強行（地域銀行等）に対するガバナンスの強化について」を公表した。これは、「公的資金による資本増強行（主要行）に対するガバナンスの強化について—経営健全化計画未達に係る監督上の措置の厳格化及び転換権行使条件の明確化—」によって示された監督上の措置や政府保有の優先株の普通株への転換等に関するガイドラインを「リレーションシップバンキングの機能強化に関するアクションプログラム」に沿った形で中小・地域金融機関に適用したものである。特に、経営責任の明確化等に関する監督上の措置や転換権を行使した際に求める措置に基づき、経営の改善に向けた責任ある経営体制の確立や刷新等のために必要な措置を講ずるよう求める場合については、経営陣等の交替が当該資本増強行の顧客基盤や地域経済、地方公共団体との関係に留意して行われること、そして転換権の行使についても、資本増強行とその顧客等との間のリレーションシップや地方公共団体および地元企業の支援態勢に留意して行われることが明示された。

　さらに、金融庁は、利用者の満足度が高く、国際的にも高い評価が得られるような金融システムを「官」主導ではなく「民」の活力によって実現することを目的として、2004 年 12 月に「金融改革プログラム」を公表した。このプログラムは、地域金融については、「活力ある地域社会の実現を目指し、競争的環境の下で地域の再生・活性化、地域における起業支援など中小企業金融の円滑化および中小・地域金融機関の経営力強化を促す」といった観点から地域密着型金融をより一層推進することとし、このため、「リレーショ

7　従来の早期是正措置や早期警戒制度が視野に入れていた各金融機関の資産や自己資本、収益力、流動性リスク、市場リスクなどの領域に加えて、コーポレートガバナンスや経営の質、地域貢献活動が収益力や財務の健全性に与える影響等の観点が取り入れられた。具体的には、①有効な経営管理の確立、②自己資本や収益性等の財務健全性の確保、③法令等遵守や事務・システムリスク、顧客保護等、業務の適切性の確立、④地域貢献に対する取り組みやその情報開示、⑤早期事業再生等の中小企業金融の再生への取り組み、などのより多面的な評価に基づく総合的な監督体系を確立し、業務改善命令も含めて監督上の対応を的確に行うこととするといった内容からなる。金融庁は 2004 年 5 月 31 日に「中小・地域金融機関向けの総合的な監督指針」を公表した。

ンシップバンキングの機能強化に関するアクションプログラム」（2003年3月公表分）について実績等の評価を実施したうえで、これを承継する新たなアクションプログラムを策定することとした。

　以上の方針を踏まえ、金融審議会金融分科会第二部会「リレーションシップバンキングのあり方に関するワーキンググループ」等において、アクションプログラムの実績等の評価等に関する議論が行われ、2005年3月に「『リレーションシップバンキングの機能強化に関するアクションプログラム』の実績等の評価等に関する議論の整理（座長メモ）」が公表された。以上の金融審議会における議論等を踏まえ、金融庁は、2005年度および2006年度の2年間の「重点強化期間」を対象とする中小・地域金融機関についての「地域密着型金融の機能強化の推進に関するアクションプログラム（平成17～18年度）」を2005年3月に公表した。そのうえで、金融庁は、新アクションプログラムの着実な実行を図るため、「地域密着型金融推進計画」の策定・公表を各金融機関に要請し、2005年10月にそれらの取りまとめを行い、公表した。

　この新アクションプログラムは、①地域密着型金融の継続的な推進、②地域密着型金融の本質を踏まえた推進、③地域の特性や利用者ニーズ等を踏まえた「選択と集中」による推進、④情報開示等の推進とこれによる規律づけ、を基本的な考え方として、①事業再生・中小企業金融の円滑化、②経営力の強化、③地域の利用者の利便性向上、を3つの具体的な取り組みの柱として整理したものである。特に、その中で、地域密着型金融の本質について、「金融機関が、長期的な取引関係により得られた情報を活用し、対面交渉を含む質の高いコミュニケーションを通じて融資先企業の経営状況等を的確に把握し、これにより中小企業等への金融仲介機能を強化するとともに、金融機関自身の収益向上を図ること」と定義しており[8]、金融再生プログラムにおいてふれられた、地域密着型金融の担い手である地域金融機関の主要行とは異

8　本定義に従い、本書では、地域密着型金融をリレーションシップバンキングやリレーションシップ取引と同義語として扱うこととする。

なる特性の側面が再確認されたといえよう。

　このように、「金融再生プログラム」や「金融改革プログラム」「リレーションシップバンキングの機能強化に関するアクションプログラム」「中小・地域金融機関向けの総合的な監督指針」などにおける不良債権問題の解決の

表 5-1　地域金融機関の経営特性を踏まえた金融行政

	中小・地域金融機関向けの内容	大手行向けの内容
金融再生	・金融再生プログラム ・リレーションシップバンキングの機能強化に関するアクションプログラム 　―中小・地域金融機関の不良債権問題の解決に向けた中小企業金融の再生と持続可能性（サステナビリティー）の確保― ・金融改革プログラム ・地域密着型金融の機能強化の推進に関するアクションプログラム（平成17〜18年度）	・金融再生プログラム ・金融改革プログラム
金融検査	・金融検査マニュアル ・金融検査マニュアル別冊〔中小企業融資編〕	・金融検査マニュアル
金融監督	・早期是正措置（自己資本比率） ・早期警戒制度（収益性、流動性、信用リスク、市場リスク等） ・中小・地域金融機関向けの総合的な監督指針 ・中小・地域金融機関向け監督方針 ・公的資金による資本増強行（地域銀行等）に対するガバナンスの強化について	・早期是正措置（自己資本比率） ・早期警戒制度（収益性、流動性、信用リスク、市場リスク等） ・主要行等向けの総合的な監督指針 ・主要行等向け監督方針 ・公的資金による資本増強行（主要行）に対するガバナンスの強化について
合併促進	・金融機関の合併等促進策について ・地域金融機関を中心とした合併等を促進する施策について	・金融機関の合併等促進策について
自己資本	・国内基準（4%） ・銀行等の自己資本比率規制の一部弾力化について 　国内基準（有価証券の評価損を、自己資本の基本的項目〔Tier 1〕から控除しない）	・国際統一基準（8%） ・銀行等の自己資本比率規制の一部弾力化について 　国際統一基準（信用リスクのない債券の評価損益について、評価益を自己資本の補完的項目〔Tier 2〕に参入しないとともに評価損も自己資本の基本的項目〔Tier 1〕から控除しない）
情報開示	―	・繰り延べ税金資産の算出根拠

アプローチや地域密着型金融の推進のあり方、ならびに監督上の措置などには、大手主要行と中小・地域金融機関との間での金融行政上の対応方法に相違点がみられる。

　加えて、わが国の中小・零細企業の債務者に関する経営実態の的確な把握に資するため、中小企業向け融資に焦点を当てた検査の手引書として『金融検査マニュアル別冊〔中小企業融資編〕』が別途策定され、2002 年 6 月に金融庁より公表されることとなった[9]。この他、自己資本比率規制における国際統一基準と国内基準の存在や、繰り延べ税金資産の算出根拠についての大手行のみに対する情報開示の義務づけ[10] なども、大手行と地域金融機関の双方に対する金融行政上の対応方法の相違例である。このように、わが国の金融行政には、中小・地域金融機関を対象とする場合と大手主要行を対象とする場合との間でその対応方法を異にする具体的事例が多数存在している（表5-1）。

9　経営者の資質や技術力、販売力といった情報は、中小企業の経営実態の把握にとって最も重要な要素でありながら、それらが定性的な性質を有するがゆえに、具体的な判断基準が設けにくく評価が不透明となりがちである。このような中小・零細企業の特性からくる不透明性の問題を回避し、債務者の経営実態をより一層的確に把握することを目的として、「金融検査マニュアルの中小・零細企業等の債務者区分の判断に係る検証ポイントおよび検証ポイントに係る運用例」が『金融検査マニュアル別冊〔中小企業融資編〕』として新たに取りまとめられた。さらに、「リレーションシップバンキングの機能強化に関するアクションプログラム」において、中小企業の実態に即して『金融検査マニュアル別冊〔中小企業融資編〕』を改訂することが盛り込まれたことを受けて、金融機関による中小企業との密度の高いコミュニケーションや中小企業への積極的な働きかけなどについて、検査で十分に検証することを主なポイントとして、2004 年 2 月および2008 年 11 月に当該検査マニュアル別冊の内容が改訂された。また、2009 年 12 月、中小企業者および住宅資金借入者に対する金融の円滑化を図ることを目的とする「中小企業者等に対する金融の円滑化を図るための臨時措置に関する法律」が施行されたことを受けて、金融庁は監督指針や金融検査マニュアル等を改定した。

10　金融庁は大手銀行に対して、繰り延べ税金資産の算出根拠について 2003 年 9 月中間決算から情報開示を事実上義務づけ、その前提となる収益計画を詳しく示す資料を公表するよう求めることとした。一方、地域金融機関に対しては、開示負担が重いとの判断に加え、開示内容によっては一部に信用不安を招きかねないとの懸念から、対象から除外されることとなった（『日本経済新聞』2003 年 10 月 9 日）。

第 3 節　　地域金融機関と地域社会の関係

1　地域社会の概念

　富永（1995a）によると、「社会」とは以下の一定の要件を満たす複数の集まりであるとされている。すなわち、①成員相互の間に相互行為（interaction）ないしコミュニケーション行為による意思疎通が行われていること[11]、②それらの相互行為ないしコミュニケーション行為が持続的に行われることによって、社会関係が形成されること[12]、③それらの人々が何らかの度合いにおいてオーガナイズされていること[13]、④成員と非成員とを区分する境界が確定していること[14]、の 4 つの要件を満たす複数の集まりのことを「社会」という。ここで、①〜④の条件は、4 つの条件を全て満たす「社会」と、その一部または全ての条件を満たさない「準社会」とに区別し、4 つの条件を全て満たすものとして定義された社会を、客観的なもの、個人を超えるものとして、個人の外に実在しているという意味で、個人の内面に存在している「ミクロ社会」と対比する意味から「マクロ社会」と呼ぶ。

11　相互行為は、人 A の行為と人 B の行為との間に相互作用があり、個々人は互いに相手から影響を受けて変化を遂げて行くことをいう。相互行為とほぼ同じ意味で、コミュニケーション行為という語を用いることができ、このコミュニケーション行為は意思を伝達する行為のことであり、対面的かつ相互的に意思伝達が行われることによって、相互理解が成立する過程を意味している。

12　人 A と人 B の間に相互行為が繰り返し行われる結果、今日会って一度別れても、明日か来週か、将来も同じような様式で相互行為が持続するのが当然という期待が当事者の間に共有されている状態、すなわち社会関係が形成されていることをいう。相互行為があっても、それが社会関係の形成にまで至らないことの典型例として、市場における相互行為としての売買行為があげられる。

13　オーガナイズされているとは、複数の人々の行為がバラバラではなく、相互に関係づけられている状態をいう。地位と役割は、より上位の社会システムの中で個人が占める位置を指定し、それによって自分の行為と他者の行為との関係がいかなるものであるかを示すが、この地位と役割に従うことによって、個人の行為は集団のパフォーマンスへと組織化されることになる。地域社会や国民社会は、多数の家族や企業などを包摂しながら、町内会などの自治組織、地方自治体・官庁などの行政組織によって、住民をオーガナイズしている。

14　社会関係が形成され、オーガナイズされていることの必然の結果として、成員と非成員の境界、すなわち閉鎖性が存在することとなる。

　また、富永（1995a）は、マクロ社会を分類する場合に、①「全体社会」対
「部分社会」という分析軸と、②「社会集団」対「地域社会」という分析軸
を用いることができるとし、①の全体社会を、「その内部において、成員の
生活上の欲求充足手段が大部分調達可能な社会」、①の部分社会を、「その機
能が特定の欲求充足手段の調達のみにかかわる社会」であると定義してい
る[15]。次に、②の社会集団を、「一定の目的のために人間がオーガナイズする
もの」であり、具体的には、家族、仲間集団、学校、企業、官庁、政党、そ
してその最大のものである国家などがこれに属し、②の地域社会を、「目的
をもって集まったのではなく、居住地域を共通にすることによって、生態学
的な関係を生じた住民の地縁社会」であると定義し、具体的に「地域社会は
都市と村落に分かれ、その最大のものは国民社会である」とした。このよう
に、マクロ社会は社会集団と地域社会の総称である。

　加えて、富永（1995a）は、社会の概念としての「地域社会」に関して、「日
常生活において共同のテリトリーを分け合うことにより、生活上の基礎的な
欲求充足に関わる人と人との持続的な相互行為、すなわち社会関係が当該テ
リトリーの上に集積し、その結果として人と人との間に共属感情が成立して
いる場合に、これを地域社会（community）という」と説明している。地域社
会は、複数の行為者の間に相互行為の持続、すなわち社会関係の集積があり、
その結果、それらの行為者の間に「内」と「外」とを区別する共属感情が形
成されている点において社会集団と共通するが、ある特定の土地との結びつ
きを不可欠の要素とする点で社会集団とは異なるものである。すなわち、地

15　高田（1971）は、全体社会とは、「一定の地域を以て限られ、自ら一集団をなすと意識し、ま
　た内部に殆ど一切の社会的結合関係を包括する社会」をいい、一方、部分社会については、「例
　えば、血縁の存するところ、血縁社会あり、地縁の存するところ地縁社会あるが如く」「紐帯の
　分散するところ、各紐帯に応じてそれぞれの部分社会が存立する」こととなり、時代が進展する
　に従って「最初の全体社会は社会紐帯の分散に伴って内部に漸次部分社会を分散せしめることと
　なる」とした。ここで、部分社会が生じるための重要な要素である社会紐帯とは、「利益の共通
　または地縁と云う如く、それによって結合を生ずる事情」のことであり、それは「紐帯が物を結
　束するように人人を結束して社会を作り上げる事」を意味するとした。そして、社会紐帯の重要
　なものとして、地縁、血縁、類似、利益の４つをあげている。

表5-2　マクロ社会の基本類型における地域
　　　　社会の位置づけ

	社会集団	地域社会	準社会
部分社会	基礎集団 　家族、親族 機能集団 　地域金融機関 　地元中小企業 　地方公共団体	村落 都市	群集
全体社会	国家	国民社会	社会階層

備考）網掛部分が本書における地域社会をいう
出典）富永（1995a）より作成

域社会は、居住地域を共通にすることによって生態学的な関係を生じた"地縁社会"を意味するものとして定義することができる[16]。

　富永（1995a）によるマクロ社会に関する分析軸を踏まえると、地域金融機関のホームマーケットとしての「地域社会」は、6つのセルから構成されるマクロ社会の基本類型中の、地域社会かつ部分社会のセルに該当することとなる（表5-2）。

2　地域社会との共属感情

　このように、人と人とが地理的空間である一定の限られた地域を共通の生活基盤とし、相互行為を持続して互いに社会関係を集積することによって生態学的な関係を構築するような地縁社会が地域社会であると定義することが

16　地域経済や地域政策などの「地域」を分析対象とする場合に用いられる"地域"という言葉は、一般的に「地球表面上のある限定された空間」を意味するが、従来の地域金融ならびに地域金融機関に関する定義においても、「地理的空間」の意味で使用されている。例えば、1990年7月の金融制度調査会・金融制度第一委員会中間報告「地域金融のあり方について」の中において、「地域金融とは全国規模での金融活動ではなく、国内のある限られた圏域である地域の住民や企業、地方公共団体等のニーズにきめ細かく対応する金融サービスである」と定義づけられている。このように、"地域"とは全国的規模との対比において、国内の「ある限られた圏域」といった「地理的空間」を意味するものである。また、大友（1997）は、地域を意味する言葉は、"地域"以外にも"地方""地区""地帯""領域""区域""圏（域）"など多様であり、若干のニュアンスの違いがあるものの、それらがいずれも地球表面上の一定の拡がり、すなわち空間（space）を意味している点で共通していると指摘している。

図 5-1　地域金融機関と地域社会との関係

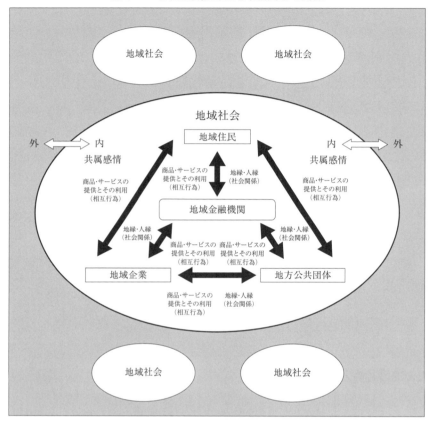

できる。

　したがって、機能集団[17] である地域金融機関は、ホームマーケットとする地域社会において、当該地域の住民や中小・零細企業、地方公共団体等などとともに、持続的な相互行為を通じて社会関係を構築し、特定の地域に共生

17　限定された機能を達成するための手段であることを明確に意識して形成された社会集団のことをいい、経済組織である地域金融機関や地元の中小・零細企業、行政組織である地方公共団体、教育研究組織である学校などがこれに該当する。これに対して、血縁や婚姻のように、特定の機能的活動によってではなく、関係自体が生活上の基礎的な意味を付与されていることによって結ばれた家族や親族などの社会集団を基礎集団と呼ぶ。

することによる共属感情を共有する存在であるといえる。そして、そのような存在であるからこそ、地域金融機関は当該地域と離れては営業が成り立たない、いわば地域と運命共同体的な関係にあると考えられる。それゆえ、地域金融機関は、地域社会との共存共栄を経営の基本理念として経営行動を行う存在として、地域社会の発展に資するためには、場合によっては、効率性や収益性をある程度犠牲にしても地域住民等のニーズに応ずるといった社会的側面を有していると考えることができる（図5-1）。

第4節　地域金融機関の地域貢献活動と社会的責任

1　地域金融機関の地域貢献活動

　わが国で初めての近代的銀行として明治時代に全国各地に設立された国立銀行は、「地縁」や「人縁」などの地域社会との濃密な相互依存関係を構築しており、その多くが今なお地方銀行として、地域社会におけるきめ細かなネットワークを活かしながら地域金融の円滑化を図り、地場産業や地元商工業の発展を支えている。このように、地域金融機関が地域経済と密接不可分の運命共同体的な存在として、地域社会との共存共栄を志向する点に、その存在意義とアイデンティティーを見出すことができる。

　従来、各々の地域金融機関は、預金や貸出業務などの本業を通じて地域に対する円滑な資金供給を図り、地域経済の発展に貢献してきた。このような本業による地域貢献活動を通じて、適正収益を確保しながら経営の健全性を維持・向上させて、持続可能な形で経済的貢献を図ることが、地域金融を担う地域金融機関の本来の姿であると考えられる[18]。また、それと同時に、社

18　金融審議会金融分科会第二部会報告（2003）「リレーションシップバンキングの機能強化に向けて」の中で想定されている地域貢献は、経済的貢献のうち、本業である預金や貸出などの金融業務を通じた直接的な経済貢献としての地域貢献であるとの認識である。

会的ならびに文化的な地域貢献活動は、経済的な地域貢献活動と無縁ではなく、芸術や文化、スポーツ等の各種支援活動を通じてうるおいのある豊かな地域社会づくりに貢献することも、地域金融機関が企業市民として持続可能な形で地域社会との共存共栄を実現していくうえで重要な要素となっている[19]。

このような基本認識の下、それぞれの地域金融機関は、具体的には、預金

図5-2　地域金融機関による地域貢献活動と情報開示

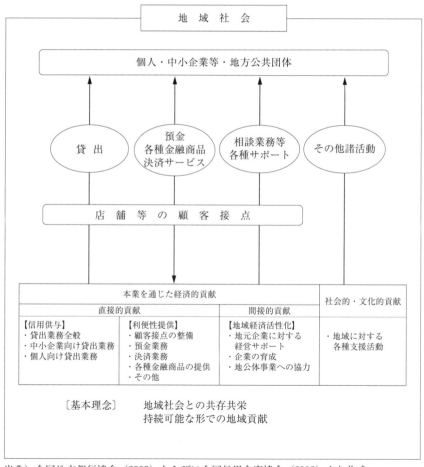

出典）全国地方銀行協会（2003）ならびに全国信用金庫協会（2003）より作成

や貸出などの本業を通じた地域社会に対する直接的な経済的貢献活動である、①地域に対する信用供与、②地域の顧客に対する利便性の提供、そして、本業を通じた間接的な経済的貢献活動である、③地域経済の活性化、さらには、④ボランティア活動などのその他の様々な社会的・文化的な地域貢献活動、に取り組んでいる。特に、全国信用金庫協会（2003）にあるように、地域金融機関は利益至上主義に陥ることなく、地域貢献活動を通じて経済ならびに文化、環境、福祉などがバランス良く保たれた地域社会づくりを目指しているのである。

　以上のように、各々の地域金融機関は、経営地盤たる地域社会における自身の存在意義と顧客からの信頼をより確かなものとするため、単に経済的領域のみならず社会的・文化的領域においても様々な地域貢献活動を行っており、地域社会からの信頼の確保に向けて当該活動に関する情報を積極的に開示するとともに、その内容の充実を図っているのである[20]（図5-2）。

2　地域金融機関の社会的責任

　各々の地域金融機関は、地域社会に対する「社会的責任」を全うすることを目的として、本業を通じた直接的および間接的な経済的貢献活動のみならず、その他の社会的・文化的な地域貢献活動をも行っている。それでは、ここでいう地域金融機関の「社会的責任」とはいったい何なのであろうか。

　富永（1978）は「責任」の概念について、①倫理学上の責任（道徳的責任）、②法律学上の責任（民事責任および刑事責任）、③経営学上の責任（責任と権限）、

19　全国地方銀行協会や全国信用金庫協会等の各業態団体は、2003年7月、地域貢献に関する情報開示への取組方針等の取りまとめを行い公表した。その中において、「社会的ならびに文化的貢献活動も、各金融機関が地域社会とともに持続的発展を目指すうえで不可欠の要素である」旨明記されている。また、南地（2007）は、ドイツの地域金融機関である貯蓄銀行における、文化やスポーツなどの地域貢献活動の事例を紹介している。
20　2003年3月28日に金融庁より公表された「リレーションシップバンキングの機能強化に関するアクションプログラム―中小・地域金融機関の不良債権問題の解決に向けた中小企業金融の再生と持続可能性（サステナビリティー）の確保―」の中で、わが国の中小・地域金融機関の地域貢献に関する情報開示の実施要請が盛り込まれた。

の３つをあげている。しかしながら、彼は同時にまた、これらの３つの概念では「企業の社会的責任」という概念を根拠づけるには不十分であると指摘している。彼はその理由として、①企業の行為は様々な制約の下で行われていることから人間行為一般の場合に還元することができないため、日常生活における道徳的規準のみでは企業の特定化された状況に十分に適合することができないこと、②法的規範として有効に制度化され得るためには、そのような考え方が社会規範として企業人によって受け入れられることが重要であるため、法的規範のレベルのみによる考え方では視野が狭すぎること、③権限は権力の一形態であるため、企業の社会的責任論も企業が権力によってもたらした結果の責任を問題にするといった点で双方の間に一定の関係が存在するものの、企業の社会的責任の問題は企業と外社会との関係にかかわるものであり、企業の組織内部における上位者と下位者との関係にかかわるものではないこと、をあげている。

　ここで、地域金融機関の社会的責任についての以上の問題について考える場合、社会学の相互行為理論で用いる役割期待[21]とサンクション[22]の概念を適用することによって、論点がより一層明確になるものと考えられる。すなわち、地域社会の住民は、彼らが共有している地域金融機関の行動に対する役割期待を評価基準として地域金融機関の経営行動の結果を評価し、そのうえでこれにサンクションを加える。このサンクションが地域金融機関に帰属させられるということが、地域金融機関が社会的責任を引き受けるという意味なのである。したがって、本来、私的行為主体である地域金融機関の「私

21　富永（1995a）によると、役割（role）とは「ある地位の占有者が、その地位ゆえに他者から課せられる義務や制度的に付与される権限、守ることを期待されている行為様式などの総体」のことをいう。すなわち、役割は「社会システムが必要とする機能の分担をその構成者である個人に要求するといった分業体系の下、個人が担う分担分」である。

22　行為者の行為を妥当なものとして是認する、あるいは不当なものとして否定するといった評価的判定を含んだ他者の側からなされる反応のことをいう。社会規範からみて望ましい行為に対しては肯定的（プラスの）サンクション（報賞）が行われ、望ましくない行為に対しては否定的（マイナスの）サンクション（制裁）が加えられ、社会の秩序の維持と統合に貢献することとなる（濱嶋ほか 2005）。

企業」としての活動に関して一定の「公共的」性格を認めて、不特定多数の地域住民からのサンクションを地域金融機関が引き受けるべきものと認定することによって、地域金融機関の社会的責任が成立することとなる。

このような考え方は、銀行の目的を規定した銀行法第 1 条が、銀行は「公共性」と「私企業性」の双方の調和を図ることが必要である旨謳っている[23]点にも反映されている。すなわち、本来、利潤の追求を図る「私的」行為主体として認識されてきた地域金融機関が、それにとどまらないで地域社会への貢献といった「公的」領域に対しても多大な影響を与える巨大な存在になったため、経済的領域を超える外部効果について、これを地域金融機関に帰属させることが原理的に可能となったのである。

地域金融機関は、「私企業性」を有する「ホモ・エコノミクス」として、日々の活動において利潤追求を行う存在であり、この点で、市場メカニズムを前提としているといえる。しかしながら、他方で、地域金融機関は地域社会との共存共栄を経営の基本理念として、本業を通じた直接的・間接的な経済的地域貢献活動のみならず、その他の様々な社会的・文化的な地域貢献活動をも行っており、それらの活動は経済の領域のみで完結するものではなく、経済外の領域においても地域社会に対して多大な影響を与えている。

このような分野においては、市場のサンクション・メカニズムが機能しないため、これを補完する何らかの仕組みが必要となる。それゆえ、地域金融機関が地域社会との良好かつ持続的な共存共栄関係を構築し、その発展に貢

23　滝川（1999）は、銀行法第 1 条の第 1 項が、「この法律は、銀行の業務の公共性にかんがみ、信用を維持し、預金者等の保護を確保するとともに金融の円滑を図るため、銀行の業務の健全かつ適切な運営を期し、もつて国民経済の健全な発展に資することを目的とする」と、公共性の視点から、また第 2 項が、「この法律の運用に当たつては、銀行の業務の運営についての自主的な努力を尊重するよう配慮しなければならない」と、私企業性の視点から銀行の目的を規定しており、銀行法は公共性と私企業性の調和を図るべきである旨謳っていると論じている。ここで、滝川（2004b）によると、銀行とは、「銀行法」に基づき、内閣総理大臣から営業免許を取得して銀行業（①銀行の本業〔預金業務、貸出業務、為替業務〕、②本業に付随する業務）を営む株式会社組織の預金取扱金融機関のことをいい、1927 年 3 月公布の「銀行法」を全面改定して 1981 年 6 月公布された「新銀行法」が根拠法となっている。

献するために社会的責任支出を伴う様々な地域貢献活動を行うことは、たとえそれが短期的には収益に直結しないようなものであっても、長い目で見れば、市場メカニズムの下での将来利潤の獲得に資するものであると考えることができる[24]。このような意味で、地域金融機関が地域社会との共存共栄を目指して社会的責任支出を伴うような様々な地域貢献活動に取り組むことは、私企業としての利潤極大化目標と矛盾するものではなく、互いに補完し合う関係にあるといえる。

第5節　地域金融機関の経営特性としての二重性

1　二重性の３つの側面

　本節では、地域社会との共存共栄を目指して様々な地域貢献活動に取り組む地域金融機関の地域貢献志向にみられる、「経済的行為者」であるとともに「社会的行為者」でもあるといった、互いに補完し合う"二重性"の側面に焦点を当てて、地域金融機関の経営特性についての分析を試みる。

　1）経済的行為者と社会的行為者
　新古典派のミクロ経済学は、消費行為[25]による効用と生産行為による利潤としての経済利得を最大にすることが合理的な経済行為であると考えてきた。経済的行為者自身にとっての欲求充足の最大化のみが目的であるとされ（「最大化基準」）、他者の感情や態度に一切配慮せず、また他者からの影響も受けない世界を前提としていたのである（「利己主義基準」）。したがって、ミクロ経済学の行為理論においては、消費者と消費財との関係や生産者と生産要素

24　滝川（2004a）は、なぜ地域金融機関が本業以外の地域貢献活動のための「社会的責任支出」を行うのかについて分析している。
25　本書では、金融論の文献における「行動」の語と同じ意味で、社会学の文献で用いられる「行為」を使用する。

との関係といった人と物との関係のみが分析の対象とされ、人と人との関係
は扱われてこなかった。このように、従来の経済学や金融論は、他者の感情
や態度、他者からの影響を一切考慮せず、専ら自己の経済的利得の最大化を
目的として合理的選択を行う「ホモ・エコノミクス」としての経済的行為者
を分析の対象としているのである[26]。

　しかしながら、地域金融機関は経営上の主要な営業地盤である特定の地
域[27]に、「ヒト」や「モノ」「カネ」「情報」といった経営資源を集中的に投
下してフェース・トゥ・フェースの営業活動を行うなど、濃密なコミュニケ
ーションを通じて地域社会との相互依存関係を構築している。また、地域金
融機関は本業を通じて経済的な地域貢献活動を行うのみならず、その他の様々
な社会的・文化的な地域貢献活動をも行っている。地域金融機関は地域社会
の発展への貢献といった社会的責任を果たすため、私企業として利潤極大化
を目指すのみならず、場合によっては、ある程度の効率性や収益性を犠牲に
してまでも地域社会の期待に応える[28]といった公共的な性格を有しているの
である。地域金融機関は地域社会との共存共栄を経営の基本理念として互い
の発展を志向しており、地域社会と運命共同体的な相互依存関係にあるとい
える。

　このように、地域金融機関は、自身の経済利得の最大化といった経済合理
性のみを規準として行為する一元的かつ利己主義的な存在のみではなく、地
域社会の構成者である他者への配慮を行いつつその発展への貢献を志向する
多元的かつ非利己主義的な存在でもある。すなわち、地域金融機関は地域社

26　従来の経済学や金融論は、個人については「経済人（ホモ・エコノミクス）」を、また企業に
　ついては大企業を、そして銀行については大手都市銀行を想定して分析対象の中心に位置づけて
　きた。また、その分析においては、あらゆる注意をモノとカネだけに集中し、人間の日々の営み
　を基本とする「人間経済」には注意を払わないため、人間の相互行為に基づく社会関係や社会的
　機能にまで分析が及ぶことはなかった。
27　各々の地域金融機関が営業地盤とする「地域」は、都道府県をまたぐ地域をホームマーケット
　とする事例が存在するなど、必ずしも都道府県や市町村等の行政区画と一致するものではなく、
　各々の地域金融機関の歴史的沿革等を背景として多様なものとなっている。
28　1990年7月の金融制度調査会・金融制度第一委員会中間報告「地域金融のあり方について」は、
　その中で、地域金融機関の地域社会との運命共同体的側面についてふれている。

会との共存共栄を志向する存在として、地域社会から期待された役割分担を自発的に遂行し、地域社会の他の構成者との協働を通じて地域社会の発展の一翼を担っていることから、経済的行為者としてのみならず社会的行為者としての側面をも有しているのである。

　富永（1995a）によれば、「ホモ・ソシオロジクス」は、Dahrendorf によって最初に提唱された概念であり、社会システム[29] から課せられた役割の分担を自発的に受け入れ、他者との協働を通じて社会システムの機能的要件[30] の達成に貢献する社会的行為者のことをいう[31]。このような役割の担い手として行為する人間としての「ホモ・ソシオロジクス」の考え方を導入すると、企業家や消費者といった経済主体を社会システムの中での役割として捉えることが可能となる。したがって、地域金融機関を「ホモ・ソシオロジクス」としてモデル化することにより、地域社会から期待された役割を引き受け、地域社会の発展に向けて経済的のみならず社会的・文化的な地域貢献活動を行う「経済的行為者」と「社会的行為者」の両面を有する存在として地域金融機関を描写することができる。加えて、機能集団である地域金融機関の存続のための機能的要件としての「経済的行為者」と「社会的行為者」をはじめとする「地域金融機関の二重性」の問題を明示的に扱うことが可能となる。

29　富永（1995a）によると、システムとは「相互依存し、機能的に関連し合う諸要素の集合体が、環境に対して境界内の恒常性を維持しているもの」のことをいい、機械や有機体は各々システムに該当する。これらのシステムのうち、構成諸要素が個々人の行為であるようなシステムを社会システムと呼ぶ。Bertalanffy（1968）は、生物体のような「環境との間で物質の交換を行っている」開放システムは、秩序が絶えず崩される閉鎖システムとは異なり、システムのある一定の条件の下で、秩序の低い状態から高い状態に能動的に向って進むことが可能であると述べている。また、Schrödinger（1944）は、生きている生物体が、個体としての活動を行っている間は、環境から負のエントロピー、すなわち秩序というものを取り込んで、定常的に低いエントロピーの状態を維持し、自身の崩壊（死）を遅らせているとして、生物システムの本質について指摘している。

30　富永（1995a）によると、社会システムは環境から課せられる多様な制約に適応しつつ、自己の存続を図っていかなければならないという課題に直面している。このような課題、すなわち「システム問題」を解決してシステムの存続を可能にするために必要であり充足しなければならない諸条件のことを「機能的要件」と呼ぶ。

31　滝川（2009）は、社会的行為者である「ホモ・ソシオロジクス」が経済社会から課せられた義務を自発的に受け入れ、他者と協働するといった社会連帯意識に基づく「道徳経済」の導入を日本経済再生の処方箋として提唱している。

2）人と物との関係と人と人との関係

　経済学および金融論が想定する「ホモ・エコノミクス」は、功利主義および個人主義の規準に基づき利潤極大化行動をとることから、他者の感情や態度には一切配慮しないし、またその影響も受けないというモナディック・モデルを前提としており、他者とのコミュニケーション行為を分析の対象としない。

　これに対して、社会学が想定する「ホモ・ソシオロジクス」は、他者とのコミュニケーション行為により意思疎通が行われると考えることから、ダイアディック・モデル[32]を取り上げてこれを分析の対象とする。すなわち、従来の金融論が個人と財（実物財や金融財）との関係のみを対象としているのに対して、本書における研究のアプローチは個人と財との関係に加えて、普通人と普通人との日常的な相互関係である社会関係をも対象とするという点で異なる。ここで、コミュニケーション行為とは、意思を伝達する行為のことであり、またコミュニケーションとは、マス・コミュニケーションのように発し手から受け手に対して一方通行で伝達されることをいうのではなく、コミュニケーションの当事者双方の間で対面的かつ相互的に意思伝達が行われることによって相互理解が成立する過程を意味する。

　地域金融機関は、主要業務である中小企業金融の分野においては、取引先である中小・零細企業との間で相手の顔がみえる継続的な個別・相対取引を行っている。このような金融論における相対取引は、社会学の相互行為論における自我と特定の他者との間の相互行為として理解できる。相互行為とは、行為と行為との間の相互作用であり、行為者と行為者との相互依存であるから、通常、2人あるいはそれ以上の行為者間における対面的コミュニケーシ

32　富永（1995b）によると、モナディック・モデルにおいては、人Aと人Bの行為が別々に考えられているのに対して、ダイアディック・モデルにおいては、人Aは人Bにとって、また人Bは人Aにとって、各々環境的事象となっており、人Aが人Bに対して働きかけた行為が、人Bにとって、反応を生み出すきっかけとしての役目を果たし、これが今度は人Bが人Aに働きかけることにつながっていくという一連の過程を想定している。

ョン行為として考えられ、ダイアド（2人）による行為である。相互行為が双方の当事者に対して相互満足をもたらした場合には、そのような相互行為を持続したいという期待が当事者間で共有されて相互行為が反復されるようになり、そのような相互行為の反復を通じて双方の当事者間に社会関係が形成されることとなる。社会関係は特定の個々人の間で自発的に形成された友人関係などの役割関係であるが、この役割関係が制度的な枠組みに組み込まれると、組織における役割関係などのように、特定の個々人を超えて普遍的かつ制度的な拘束を受けるようになる。

地域金融機関は地域社会との共存共栄を志向する存在として、地域社会から期待された役割分担を自発的に遂行し、地域社会の他の構成者との協働を通じて、地域社会の発展の一翼を担う存在である。それゆえ、地域金融機関は地域社会の発展への貢献といった社会的責任を果たすため、本業を通じた経済的貢献のみならず、その他の様々な社会的・文化的地域貢献活動をも行っているのである。したがって Mead[33] の「有意味シンボル[34]」の考え方にあるように、地域金融機関は地域社会とのコミュニケーションを通じてその地域社会に固有の態度や価値、文化を共有しており、その態度や価値、文化が互いの自我の行為をコントロールし、また組織化する拠り所となっていると考えることができる。このように、地域金融機関は地域社会との間で共有した態度や価値、文化を自身の行動の指針とすることから地域社会と一体化された存在となるのであり、「その地域を離れては営業が成り立たない、いわば地域と運命共同体的な関係」を構築することとなるのである。

33 Simmel の二人結合論や Wiese のパールは、いずれも実在する夫婦関係や友人関係についての経験的分析にとどまり、ダイアドを社会的行為の最もミクロな単位として概念的に一般化してモデル化するには至らなかった。これに対して、Mead は、マクロ社会の自我形成過程への作用に着目し、2人の行為者である自我（ego）と他者（alter）からなる二人関係「ダイアド（dyad）」における他者を特定の他者ではなく「一般化された他者（generalized others）」にまで拡大し、行為理論の視野をより大きな社会システムにまで拡張した。
34 彼は、怒りや喜びなどの情動は呼吸や血液循環の変化などの生理学的な変化を通じて顔の表情や身振りとして表現されると、それが相互行為の相手である他者にシンボルとして受け取られ、自我が抱いている観念と同様のものを喚起すると考え、このような身振りがシンボル化を通じて普遍的に伝達可能な意味をもつことを「有意味シンボル」と呼んだ。

　以上から、地域金融機関の金融取引はモノとカネとの交換を志向するのみならず、他者との協働やコミュニケーション、さらには、人と人との日常的なやりとりである「社会関係」をも志向する行為でもあり、その中には二重性の側面が存在すると考えることができる。

3）経済的交換と社会的交換

　経済的行為者としての地域金融機関は、市場において貨幣をメディアとして自発的合意によって行われる、財・サービスの交換である経済的交換を行っている。市場での経済的交換の双方の当事者は、互いに自分がもっている財（限界効用が交換相手より小さい）の一部を手放し、相手がもっている財（限界効用が自分より大きい）の一部を手に入れることにより、ともに満足（効用）を増やすことができる。例えば、資金の貸し手である地域金融機関は、地域住民から集めた預金を主な原資として地元の中小企業等への貸出を行うことによって資金運用収益を獲得する一方で、資金の借り手である中小企業も借入金利息を支払うことによって事業運営に必要な資金の調達が可能となる。貸し手と借り手の双方は、貸出取引という経済的交換を通じてパレート最適でない資源配分状態からパレート最適な資源配分状態に到達するよう、双方の合意によって資源の配分状態を変更しているのである。このような地域金融機関と中小企業との間の金融取引は経済的交換の一例である。

　しかしながら、地域金融機関の経済行為は、モノとカネとの交換を行い、個人と財（実物財や金融財）との関係を志向するのみならず、他者との協働やコミュニケーションを行い、人と人との日常的なやりとりである相互行為をも志向する。相互行為とは、通常、対面的コミュニケーション行為であるから、言語メディアやジェスチュア、音、図形などの非言語メディアなどが必要とされる。したがって、従来の経済学や金融論は、貨幣を媒介手段として所得や金融資産、実物資産といった「物的」資源のみの交換を扱ってきたが、本書では、言語や身振り、音楽、造形などのシンボルを媒介手段とする「権

威」や「信頼[35]」といった社会的資源の交換をも考察の対象とする。

　ここで、欲望の対象ではあるが貨幣との交換が不可能で価格がついておらず、しかしながらそれを獲得するためには何らかの非貨幣的費用を支払うことが必要な社会的資源を「社会財」と呼び、この社会財と社会財とが相互行為の当事者の自発的な合意によって交換され、ともに相互満足に至ることを社会的交換[36]という。すなわち、経済的交換（経済学上の交換活動）は、財と貨幣との交換（貨幣を媒介手段とする財と財との交換）、金融的交換（金融論上の交換活動）は、非貨幣的金融資産・負債と貨幣との交換（貨幣を媒介手段とする非貨幣的金融資産・負債間の交換）である一方で、社会学上の交換活動である社会的交換は、シンボル（言語、身振り、音楽、造形など）を媒介手段とする「権威」や「信頼」といった社会的資源の交換であるといえる。地域社会と運命共同体的な相互依存関係にある地域金融機関が、地域社会からの信頼の獲得を目指して、直接的・間接的な経済的地域貢献活動のみならず、その他の様々な社会的・文化的な地域貢献活動を行っているという事実は、社会的交換の具体例である。

　これまで、地域社会との共存共栄を目指して様々な地域貢献活動に取り組む地域金融機関の「経済的行為者」であるのみならず「社会的行為者」でもあるといった、互いに補完し合う"二重性"の側面に焦点を当てて、地域金融機関の経営特性についての分析を行った。地域金融機関が経済的行為者としてのみならず社会的行為者としても社会的責任を全うするためには、本業を通じて地域金融の円滑化に取り組むことに加えて、地域住民との協働や地域社会の文化的側面の育成を行うことも必要である。したがって、①経済的

35　Arrow（1974）は、市場の限界例として、市場で「信頼」を取引できないことを取り上げている。彼は、「信頼は社会システムの重要な潤滑油であり、相手の言葉に然るべき信頼を置くことで多くのいざこざは避けられるという、きわめて大きな効率の源である」と述べて、信頼の効用を指摘している。

36　富永（1995a）によると、社会的交換には価格がないため、交換が正確に「等価」であることを客観的に示すことは不可能であり、またそれは理念的な「内的報酬」にかかわるものであることから、交換における「公正」が重要となる。公正の観念は、価値の共有を必要とし、価値の共有は価値の制度化を必要とする。したがって、価値を共有しない素性の知れない相手との間では社会的交換は成立しない。

表 5-3　二重性の 3 つの側面

側面	焦点 1	焦点 2	経営方針中の表現
①	経済的行為者	社会的行為者	運命共同体、共生、地域社会への貢献、社会的責任（CSR）、公共性
②	人と物との関係	人と人との関係	コミュニケーション、パートナー、協働、人縁、地域の文化
③	経済的交換	社会的交換	地域社会からの信認、信頼、評判、お客さまの満足

備考）経営方針中の表現は焦点 2 の表現例

行為者と社会的行為者、②人と物との関係と人と人との関係、③経済的交換と社会的交換、といったこれら 3 つの二重性の側面は、それぞれが全く別のものではなく、互いに関連しており、地域金融機関が地域貢献活動に取り組む際に重視する行動指針を表現したものであるといえる（表5-3）。

2　地方銀行の経営像にみる二重性

1）経営計画における二重性の側面

　地域金融機関の経営特性としての二重性の側面は、各々の地域金融機関によって 2003 年に公表され、経営の最重要課題として取り組まれた「リレーションシップバンキングの機能強化計画」の中に確認することができる。この計画は、①基本方針（経営理念・目標とする銀行像等）、②アクションプログラムに基づく個別項目の計画[37]、③その他関連の取り組み、④要約、の 4 つの柱から構成されており、その内容はそれぞれの地域金融機関の経営戦略とも密接に関連するものとなっている。特に、基本方針の部分には、リレーションシップバンキングの機能強化に向けた各地域金融機関の取り組みに際しての経営理念[38]や経営の基本的な考え方が記載されており、主な経営地盤で

37　創業・新事業支援機能等の強化や取引先企業に対する経営相談・支援機能の強化、早期事業再生に向けた積極的取り組み等の 10 個の大項目、合計 28 個の個別項目（株式公開銀行は 27 項目）から構成されている。

38　松下幸之助は、「社会から問われている、企業の存在意義である」経営理念が、最も重要な経営者の資質であると述べている（PHP 研究所 2012）。

あるホームマーケットや経営を取り巻く経済環境、地域経済・産業の動向、中期経営計画との関係、さらには「集中改善期間」終了時点で各地域金融機関が目指す「経営の姿」などが具体的に表現されている。このように、当該計画中の「経営の姿」は、地域金融機関が地域社会に対する社会的責任を果たすため様々な地域貢献活動に取り組むに際しての経営の最も重要な基本方針であり、経営のチャート（航海図）としての重要な位置づけとなっている。

　全国各地の地方銀行が公表した機能強化計画の中の「各行が目標とする経営像」には、いずれの地方銀行についても、表5-3に記載した、二重性の3つの側面である、①社会的行為者、②人と人との関係、③社会的交換、のいずれかに該当する表現が含まれている（表5-4）。

　表5-4の例にあるように、2003年の「地方銀行各行の『リレーションシップバンキングの機能強化計画』における経営像」を用いて、各々の地方銀行が二重性の3つの側面のうちのどの側面を認識しているのかといった観点から地方銀行の数を集計した。その結果、①の側面を認識する銀行は、地方銀行全64行中63行と最も多く、ほぼ全ての銀行が地域社会への貢献を経営の基本方針として位置づけていることが判明した。また、②の側面を認識する銀行は、全64行中33行であり、③の側面を認識する銀行は、全64行中47行と①の側面に次いで多数となっている。

　したがって、わが国の地方銀行はいずれも「経済的行為者」として経済合理性の観点から利潤極大化を追求するのみならず、「社会的行為者」として運命共同体的な相互依存関係にある地域社会への貢献を最も重要な経営の基本方針として位置づけ、地域社会からの信認を獲得して地域社会になくてはならない存在となることを目指していること、そして、人縁などの地域社会とのネットワークや顧客とのコミュニケーションといった人と人との関係を重視していることが明らかになった。

表5-4　「地方銀行各行の『リレーションシップバンキングの機能強化計画』における経営像」（2003年）にみる二重性の３つの側面例

地方銀行名	機能強化計画の基本方針（経営理念・目標とする銀行像等）
青森	①地域貢献を果たす　②人を大切に　③地域からの信頼を確保
秋田	①地域共栄　②お客さまとのリレーションシップのさらなる強化、ベストパートナー　③地域のお客さまから信頼される
山形	①地域とともに成長発展　②地域顧客とのリレーションシップを強化　③全てのお客さまにご満足をいただく
足利	①地域経済・地域社会の永続的な発展への貢献　②お客さまのベストパートナー　③より信頼される銀行を目指す
群馬	①地域社会の発展を常に考え行動する　②地域産業・文化の発展に貢献する、お客さまとの心のきずなを大切にする　③広くお客さまとの信頼関係を深める、お客さまの役に立ち信頼される銀行を目指す
武蔵野	①地域になくてはならない銀行としての地位を磐石にする　③地域のお客さまとの強固な信頼関係を築く
東京都民（現 きらぼし）	①首都圏における中小企業の発展と個人のしあわせのために企業市民として金融サービスを通じ社会に貢献する　②顧客ニーズに応え得る真のパートナーとして　③信頼される銀行を目指す
静岡	①お取引先の皆さまや地域の発展に寄与　②地域のホームドクター的な銀行を目指す　③地域から信頼される「クオリティ・バンク（高品質の銀行）」を実現する
山口	①融資先・運用先が富を生み出すことで自らも成長する　②地脈・人脈を背景としたお客さまとの密接なリレーションシップ　③お客さまが真っ先に相談してくれる銀行となる
西日本（現 西日本シティ）	①地域社会との共生、地域社会への貢献　②緊密なコミュニケーションを軸に
大分	①地域とのさらなる共存共栄を目指す　②お客さまとの間の長期的なリレーション関係を強化・発展させる　③「市場の信認」すなわち地域におけるお客さま、株式市場、格付け機関等からの評価を得る
琉球	①県内産業、企業の発展に積極的に貢献する　②リレーションシップを密にし　③地域のお客さまの信頼にお応えする
沖縄	①地域に密着し、地域に貢献する　②フェース・トゥ・フェースの関係　③お客さまに親しまれ、信頼される金融サービス企業を目指す

備考）①、②、③は表5-3の焦点2の3つの各側面に該当する表現であることを示す

2）二重性の認識パターンによる地方銀行の分類

　二重性の３つの側面に基づき、地方銀行の経営方針として記載された表現の分析を行い、各々の銀行が認識する二重性の側面に特徴的な差異が存在し、各行が特に重視する二重性の側面が存在するのか否かについての検討を行う。

　具体的には、①社会的行為者、②人と人との関係、③社会的交換、の二重

性の3つの側面のいずれかを共通して認識する銀行ごとにグループ分けを行い、図5-3の3つの集合体によって形成される8つのフィールドに分類する。すなわち、二重性の3つの側面のうち、①の側面のみを認識する銀行はフィールド1に、また②の側面のみを認識する銀行はフィールド2に、③の側面のみを認識する銀行はフィールド3に、そして①と②の両方の側面を認識する銀行はフィールド4に、①と③の両方の側面を認識する銀行はフィールド5に、②と③の両方の側面を認識する銀行はフィールド6に、さらに①と②と③の3つの側面の全てを認識する銀行はフィールド7に、そして①、②、③のいずれの側面も認識しない銀行はフィールド8に分類し、そのうえで以上の二重性の3つの側面についての認識パターンを基準として、経営特性の異なる8つのグループに地方銀行を分類する。

　分類の結果、二重性の3つの側面の全てを認識し、フィールド7に分類さ

図5-3　二重性の3集合（2003年）

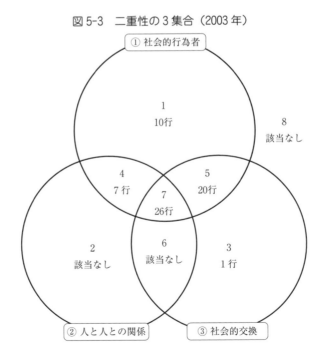

れた銀行が地方銀行全64行中26行と最も多く、次いで、①と③の側面を認識し、フィールド5に分類された銀行が20行と続き、側面①のみを認識し、フィールド1へ分類された銀行が10行、①と②の側面を認識し、フィールド4へ分類された銀行が7行、側面③のみを認識し、フィールド3へ分類された銀行が1行となった。また、フィールド2とフィールド6、フィールド8に該当する銀行数はゼロであった。特に、フィールド7とフィールド5に

表5-5　「地方銀行各行のホームページにおける『経営理念・経営方針』」（2010年）にみる二重性の3つの側面例

地方銀行名	経営の基本方針（経営理念・目標とする銀行像等）
七十七	①地域社会の繁栄とともにある　②和協の精神、地域とともに創造　③銀行の生命は信用にある
北都	①地域とともに豊かな未来を創造　②地域のお客さまとのかかわりを深め心ふれあうコミュニケーションを幅広く展開　③地域の皆さまの期待と信頼にお応えする
常陽	①地域社会の発展に貢献　②ベストパートナーバンク、お客さまとの質の高いコミュニケーション　③お客さまとの信頼を深める
千葉興業	①地域のお客さまのお役に立ち　②地域との強固なリレーションを構築　③地域のお客さまから信頼され、支持される
北越（現 第四北越）	①地域社会の発展に貢献する　②地域社会とのリレーションシップをより緊密にする　③顧客に信頼される
富山	①富山県の皆さまのお役に立つ　②社会とのコミュニケーションを図る　③お客さまから信頼される
北國	①地域とともに豊かな未来を築く　②ふれ合いの輪を拡げる、お客さまとコミュニケーション　③信頼のかけ橋
清水	①社会的公共性を重んじる　②人間関係を尊重、ベストパートナー　③満足度向上
三重	①地域とともに発展　②社会とのコミュニケーション　③信頼される銀行
但馬	①社会的責任・公共的使命の遂行、地域社会の健全な発展に貢献する　②地域文化の向上に貢献する　③揺るぎない信用・信頼の確立
阿波	①地域への貢献　②地域文化の振興　③信用を重視、お客さまの満足を向上
伊予	①地域とともに豊かな明日をひらく　②ベストパートナーバンク　③人々の信頼と期待に応える
福岡	①人々の役に立つ　②価値創造のパートナーとして認められる　③全ての人の期待を超える
佐賀	①地域社会の発展に奉仕　②地域文化の向上　③顧客の信頼に応える
肥後	①地域社会の発展に貢献　②ツーウェイコミュニケーション、人と人との結びつきを大切にする　③お客さまの期待に十分お応えする
鹿児島	①地域貢献　②「フェース・トゥ・フェース」のコミュニケーション　③お客さま満足

備考）①、②、③は表5-3の焦点2の3つの各側面に該当する表現であることを示す

128

該当する銀行の合計数が46行にのぼり、全64行のおよそ70％強を占める結果となった（図5-3）。

　また、2010年の「地方銀行各行のホームページにおける『経営理念・経営方針』」を用いて、最近における各地方銀行の二重性の3つの側面の認識状況を確認した。この場合においても、二重性の3つの側面である、①社会的行為者、②人と人との関係、③社会的交換、のいずれかに該当する表現が含まれている（表5-5）。

　さらに、二重性の3つの側面についての認識パターンを基準とする経営特性の異なる8つのグループへの分類の結果、二重性の3つの側面の全てを認識し、フィールド7に分類された銀行が地方銀行全64行中30行と最も多く、次いで、①と③の側面を認識し、フィールド5に分類された銀行が29行と続き、側面①のみを認識し、フィールド1へ分類された銀行が3行、①と②

図5-4　二重性の3集合（2010年）

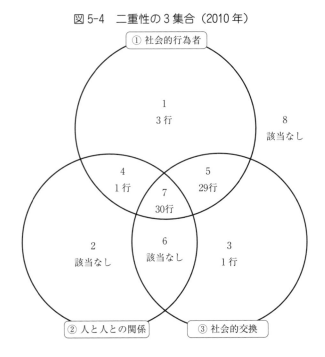

表5-6　二重性の側面のフィールド別地方銀行数

単位：行

フィールド ＼ 年次	2003年	2010年	増減
1	10	3	▲ 7
2	0	0	―
3	1	1	―
4	7	1	▲ 6
5	20	29	＋ 9
6	0	0	―
7	26	30	＋ 4
8	0	0	―
合計	64	64	―

出典）2003年：「地方銀行各行の『リレーションシップバンキングの機能強化計画』における経営像」
2010年：「地方銀行各行のホームページにおける『経営理念・経営方針』」

の側面を認識し、フィールド4へ分類された銀行が1行、側面③のみを認識し、フィールド3へ分類された銀行が1行となった。また、フィールド2とフィールド6、フィールド8に該当する銀行数はゼロであった。特に、フィールド1およびフィールド4に該当する銀行が2003年に比べて13行減少する一方で、フィールド7とフィールド5に該当する銀行は2003年に比べて13行増加して合計59行となり、全64行のおよそ90％強と大勢を占める結果となった（図5-4、表5-6）。

　したがって、地方銀行は、第1に、地域社会への貢献を基本方針として位置づけ、経済的行為者としてのみならず社会的行為者としての立場にもたっていること、第2に、人と物との関係のみならず人と人との関係をも重視しつつ地域住民とのコミュニケーションを通じて協働していること、そして第3に、経済的交換に加えて、地域社会からの信認や信頼を獲得するための社会的交換を重要な経営課題として位置づけていることが明らかになった。

　このように、全ての地方銀行が二重性についてのいずれかの側面を認識し

ていること、そして複数の側面を認識している銀行が多数存在することから、地域金融機関の一業態である地方銀行には、経営特性としての二重性の側面が存在するといえる。

第6節　分析の視座としての
ホモ・エコノミクスおよびホモ・ソシオロジクス

　本章では、わが国の地方銀行が経営の最重要課題として取り組む「リレーションシップバンキングの機能強化計画」の内容を分析することによって、本業を通じた経済的地域貢献活動に加えてその他の社会的・文化的な地域貢献活動に取り組む地域金融機関の経営特性について明らかにした。すなわち、地域金融機関は、①経済合理性の観点から利潤極大化を図る「経済的行為者」である一方で、地域社会への貢献といった社会的役割を行動規準とする「社会的行為者」でもあること、②「人と物との関係」のみならず「人と人との関係」をも重視していること、そしてまた、③地域金融機関は地域住民との濃密なコミュニケーションを通じて地域社会からの信頼を獲得するといった「社会的資源の交換」を重要な経営方針として位置づけ、地域社会との共存共栄を志向していること、である。

　したがって、このような社会的側面を強く有する地域金融機関の経営行動の特性を、行為者自身にとっての経済利得の最大化を目的とし、他者への配慮や他者との相互行為を一切考慮しない「ホモ・エコノミクス」のモデルのみによって明らかにすることは困難である。それゆえ、地域金融機関の分析にとって、社会システムから課せられた役割分担を自発的に行い、他者との協働を通じて社会システムの機能的要件の達成に貢献する社会的行為者としての「ホモ・ソシオロジクス」の視点を加味し、地域金融機関の経営特性についての分析を行った。

　富永（1995a：p.91）は、「企業家をホモ・ソシオロジクスとしてモデル化することにより、社会システムとしての資本主義制度の中で、企業が利潤をあ

げることが存続のための機能的要件であること、および企業が社会的責任を
引き受けるという役割を果たすこともまた社会システムとしての機能的要件
であること、という両面を明示的にあらわすことができるであろう」と論じ
ており、まさにこの視点が、本章における地域金融機関の経営特性の分析を
可能とした。

地域金融機関の地域貢献志向と財務内容の関係

第1節　地域社会へのコミットメントに伴う
ソフトバジェット問題の検証

　中小企業を主な取引対象とする地域金融機関は、借り手とのリレーションシップ関係の構築を通じて、財務諸表などのハード情報のみならず経営者の資質や技術力などのソフト情報を収集、活用することによって、情報の非対称性の問題を軽減している。また、地域社会との運命共同体的側面を有する地域金融機関は、以上のような本業を通じた経済的な地域貢献活動のみならず、地元企業や地域住民との協働を通じて、その他の様々な社会的・文化的な地域貢献活動にも取り組んでいる。このようなプロセスにおいては、有人店舗を拠点とする対面型のコミュニケーションが重視されており、いわゆる人と人との関係が重要な要素となっている。

　しかしながら、このような地域社会に対する様々なコミットメントが適切な与信審査を阻害して、地域金融機関の収益性や健全性を損ねるといったソフトバジェット問題が指摘されている。

　そこで本章では、人間関係の豊かさや信頼の高さを社会の資本として捉え、それが人々のくらしや地域経済の発展に貢献するといった社会関係資本の議論を取り入れ、先行研究の指摘についての批判的検証を試みる。地域貢献志向を強く有する地域金融機関ほど、様々な地域貢献活動の拠点となる有人店舗をホームマーケットに集中的に配置し、豊かな人間関係ネットワークの構築を通じて地域経済の活性化に取り組み、地域社会からの高い信頼を獲得す

るとともに、それがひいては地域金融機関の財務内容にプラスの効果をもたらすものと考えられる。したがって、有人店舗ネットワークのホームマーケットへの回帰度を、わが国における地方銀行の地域貢献志向の強さを表す指標としてモデル化を行ったうえで、地方銀行各行の地域貢献志向と財務内容の関係についてのパネル分析を行った。

　分析の結果得られた知見は、「地域社会との豊かな人間関係のネットワークを構築して地域経済の活性化に取り組み、地域社会からの高い信頼を獲得している地域金融機関ほど、高い収益性と健全性を確保してより強固な財務基盤を確立している」というものである。

第2節　リレーションシップバンキングのコスト

　Boot（2000）は、リレーションシップバンキングのコストとして、借り手企業が経営危機に直面した際に、銀行による追加の貸出を当てにする借り手企業は十分な経営努力を行わないといったソフトバジェット問題について論じている。彼は、借り手企業の経営が悪化して倒産の危機に直面しており、貸し手の銀行が追加の貸出実行を断ることによって取引先企業を倒産に追い込む可能性がある場合に、銀行が追い貸しを拒絶することができるかどうかといった点がソフトバジェット問題の重要なポイントであると指摘している。借り手企業は、経営問題が生じた際に銀行による追い貸しや貸出契約についての再交渉を期待するが、もし銀行との貸出契約についての再交渉が容易である場合には、借り手企業は十分な経営努力を行わないといったモラルハザードを招いてしまうというものである。

　この点について、大村ほか（2002）は、わが国の地域金融の視点から分析を行い、地域金融機関の地域社会との親密な関係そのものが適切な与信審査を阻害して、各金融機関の収益性や健全性を損なうとともに企業再生の遅延を招いていると、リレーションシップバンキングの負の側面について指摘し

ている。

　彼らは、貸し手の金融機関が企業の倒産可能性を事前に察知するために必要な与信審査能力を十分に有していることを明らかにし、金融機関が倒産企業に対して「追い貸し」を行っている可能性について指摘している。そのうえで、彼らは、①金融機関借入への依存度の高い中小企業に対する貸出の回収に伴う地域経済への悪影響、②面倒見の悪い銀行との悪評を受ける評判リスク、③与信審査の失敗の顕在化の先送り、を具体的な「追い貸し」の誘因例としてあげて、これらの誘因が倒産企業への融資の早期打ち切りや回収の制約ならびに追い貸しの原因となって、金融機関のバランスシート調整の遅れを招いた点について指摘している。

第3節　地域貢献志向の指標としての
有人店舗ネットワークの地元回帰度

　地域金融機関の主な取引先である中小企業は、①大企業とは異なり、公衆に対して広く報告されるような契約を行わず、被雇用者や商品供給者、顧客等とのプライベートな取引を主に行っており、②人的・組織的な制約ゆえに外部の金融提供者と共有できるような財務諸表などの客観的なハード情報を作成することが困難なため、自らの経営実態について正確に外部に伝えることができない。

　したがって、地域金融機関は中小企業の経営実態に関する情報の"不透明性"によってもたらされる情報の非対称性の問題を軽減するため、有人店舗を拠点とする地縁・人縁等のネットワークを通じて、中小企業のオーナーや従業員、あるいは地域の商品供給者などに接触することによって、ハード情報のみならずソフト情報をも獲得しているのである。このような取り組みは、人と人とが直接会ってコミュニケーションを行う有人店舗を拠点とする対面型営業を地域金融機関が依然として重視していることを示す事例である。

　さらに、元来、地域社会との運命共同体的側面を強く有する地域金融機関

は、地域経済の活性化や地元企業の再生なくして自金融機関の抜本的な経営改善を図ることは困難なため、預金や貸出業務などの本業を通じた経済的な地域貢献活動のみならず、その他の様々な社会的・文化的な地域貢献活動にも地域社会と協働しながら取り組んでいる。なぜなら、地域金融機関は、経済的利得である効率性や収益性の極大化といった経済合理性の観点から経営行動をとる「経済的行為者」であるのみならず、地域社会への貢献といった社会的役割をその行動規準として経営を行う「社会的行為者」でもあるからである。このような地域社会に対する様々なコミットメントも、有人店舗を拠点とする地域金融機関の役職員と地元企業や地域住民との協業によって成り立っている。

　以上のような現場の融資担当者が企業経営者などに個人的に接触して獲得したソフト情報に基づき実践される本業を通じた経済的地域貢献活動に加え、地域社会との協働によって取り組まれる様々な社会的・文化的地域貢献活動は、有人店舗を拠点として行われるフェース・トゥ・フェースのコミュニケーションを基本とする「人と人との関係」に基づくものである。

　したがって、地域貢献志向を強く有する地域金融機関ほど、本業を通じた経済的地域貢献活動やその他の社会的・文化的地域貢献活動の拠点となる有人店舗を地元ホームマーケットに集中的に配置するものと考えられる。すなわち、有人店舗ネットワークの地元ホームマーケットへの回帰度は、地域金融機関の地域貢献志向の強さを表す指標として捉えることができる。

第4節　地域金融機関の地域貢献志向と財務内容

1　人間関係のネットワーク効果：仮説

　本章の目的は、各地域金融機関の地域貢献志向の強さが、自金融機関の財務内容に対してプラスの影響を与えているといった財務効果について明らか

にすることである。以上の分析を行うに当たり、わが国の地方銀行を対象として、以下の仮説を設定する。すなわち、「地域社会との豊かな人間関係のネットワークを構築して地域経済の活性化に取り組み、地域社会からの高い信頼を獲得している地域貢献志向の強い地方銀行ほど、地域金融を担うために必要となる高い収益性や健全性を確保し、より強固な財務基盤を構築している」というものである。

　このような仮説の背景として、米国における社会関係資本についての議論を指摘することができる。例えば、Coleman（1988）は「人間関係のネットワーク」を「社会関係資本」と呼んで、濃密な人間関係のネットワークが「地域社会の各構成員の円滑な生活遂行をもたらし人間的成長を促進する」と積極的に評価した。

　また、Putnam（1993）は、イタリアの州政府の統治効果に関する実証研究によって、北部と南部との間で効果に格差が存在することを確認したうえで、人と人との間に存在する信頼や規範、人間関係などの社会的資本がその要因となっていると論じている。加えて Putnam（1995）は、地域社会における様々な活動は、顔のみえるつき合いを活発にして、人々の信頼や相互依存関係を強めることを指摘している。彼によれば、豊かな社会関係資本は、地域住民のくらしを円滑にするとともに、健康の増進や教育成果の向上、地域経済の発展といった効果をもたらすものである。

　さらに、Fukuyama（1995）は、「社会関係資本とは、信頼が社会のある程度の部分に広く行き渡っていることから生まれる能力である」として社会関係資本の形成度合いにおける地域差の存在を指摘し、「ある地域社会が『高信頼社会』の文化を保有している場合には社会関係資本が豊かに形成され、それが地域社会の経済力にも反映される」ことを主張した[1]。

1　内閣府（2009）は、国際データを用いて行った社会の信頼度やガバナンス度と 1 人当たり GDP との関係に関する推計結果を基に、地域の紐帯やガバナンスなどの社会資本の向上が経済成長率を高めていることを指摘している。

　以上の社会関係資本に関する議論をわが国の地域金融機関による地域貢献活動に適用することにより、上記仮説の導出が可能となった。すなわち、「地域社会への貢献をより強く意識して経営を行い、地域社会との豊かな人間関係のネットワークを構築して地域経済の活性化に取り組み、地域社会からの高い信頼を獲得している地域金融機関ほど、地域経済と地域金融機関の成長という共存共栄の正（プラス）のスパイラル効果を通じて、地域金融を担うために必要となる高い収益性と健全性を確保し、より強固な財務基盤を構築することが可能となる」というものである。

2　地域貢献志向の財務内容に与える影響：検証

1) 有人店舗ネットワークの地元回帰度

　検証に先立ち、地域社会との人間関係のネットワークの拠点である有人店舗ネットワークの地元ホームマーケットへの回帰度を、わが国における地方銀行の地域貢献志向の強さを表す指標としてモデル化を行う[2]。わが国の地方銀行は、各々の本店が所在する都道府県を主な営業地盤としつつも、その隣接都道府県をも主要な営業地盤として位置づけて営業活動を行っている。すなわち、各地方銀行の設立の経緯や合併などの歴史的沿革等を背景として、それぞれのホームマーケットは、必ずしも都道府県や市町村等の行政区画と一致するものではなく、本店所在地の都道府県のみならず、県境を越えて隣接する都道府県をも含めた地域をホームマーケットとする地方銀行の事例が多数存在している[3]。

　したがって、本書の研究では、各地方銀行の本店が設置されている都道府

2　各地方銀行による地域貢献活動の取組実績を地域貢献志向の強さを表す指標として定量的に捉えるといった考え方もあるが、地域貢献活動の取組実績に関する定量情報については、特に社会的・文化的分野においては十分な開示が行われていないのが実態である。
3　例えば、富山県を本店所在地とする北陸銀行や、静岡県を本店所在地とするスルガ銀行、大阪府を本店所在地とする池田銀行（現在の池田泉州銀行）、島根県を本店所在地とする山陰合同銀行などは、本店所在地の都道府県のみならず、県境をまたがる隣接都道府県をも主要な営業地盤と位置づけている（各地方銀行のディスクロージャー誌等より）。

県に加えて、その隣接都道府県[4]、さらには各地方銀行がその設立後に合併・吸収した被合併銀行の本店所在地の都道府県ならびにその隣接都道府県[5] を含めたエリアを、各地方銀行の主要な営業地盤、すなわちホームマーケットと位置づける。ここで、被合併銀行のホームマーケットを合併銀行のホームマーケットに加えるのは、被合併銀行の主要な営業地盤が合併銀行の営業地盤を補強・拡充するものと考えられ、それが合併銀行のねらいの1つでもあるからである。

　なお、これまでに合併銀行の本店所在地の都道府県以外に本店が所在する被合併銀行を合併した地方銀行は、宮城県を本店所在地とする七十七銀行（被合併銀行は、本店所在地が福島県の原町銀行）、栃木県を本店所在地とする足利銀行（被合併銀行は、本店所在地が埼玉県の羽生銀行と深谷商業銀行）、富山県を本店所在地とする北陸銀行（被合併銀行は、本店所在地が石川県の金沢貯蓄銀行）、福井県を本店所在地とする福井銀行（被合併銀行は、本店所在地が石川県の石川銀行）、静岡県を本店所在地とするスルガ銀行（被合併銀行は、本店所在地が神奈川県の吉浜銀行と日本実業銀行、大磯銀行、松田銀行）、岐阜県を本店所在地とする大垣共立銀行（被合併銀行は、本店所在地が愛知県の農産銀行）、島根県を本店所在地とする山陰合同銀行（被合併銀行は、本店所在地が鳥取県のふそう銀行）、岡山県を本店所在地とする中国銀行（被合併銀行は、本店所在地が香川県の香川銀行）、高知県を本店所在地とする四国銀行（被合併銀行は、本店所在地が徳島県の関西銀行）である[6]（図6-1）。

　以上の方法によって定められた各地方銀行のホームマーケットを1次エリアとする。この1次エリアは、地域貢献志向の強い地方銀行が地域社会との共存共栄を目指して地域貢献活動に取り組むに際して、地元のホームマーケ

4　例えば、七十七銀行の例をあげると、本店所在地である宮城県の隣接都道府県は、秋田県、山形県、岩手県、福島県である。

5　例えば、七十七銀行が合併した原町銀行の本店所在地は福島県であり、その隣接都道府県は、山形県、宮城県、群馬県、栃木県、茨城県、新潟県である。

6　東京銀行協会調査部・銀行図書館編（1998）に基づく。

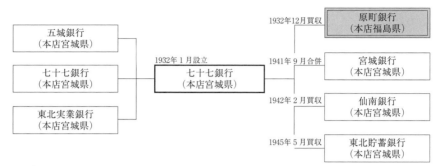

図6-1　ホームマーケットを拡充する合併例

備考）網掛けは合併銀行のホームマーケットのエリアを補強・拡充した被合併銀行
出典）東京銀行協会調査部・銀行図書館編（1998）より作成

ットとして最も重視するエリアである。それゆえ、地域貢献志向が強く地元回帰度の高い地方銀行ほど、全有人店舗の中で当該エリアにより多くの有人店舗を設置するものと想定される。そして、本店所在地の都道府県に隣接しない都道府県、すなわち地元のホームマーケットではない地域を2次エリアとするとともに、さらに、地元のホームマーケットから最も離れた場所であり、当該エリアへの有人店舗の設立・運営に際して1店舗当たりの経営資源の投入負担が最も大きくなるものと想定されるエリアである海外を3次エリアとする[7]（図6-2）。

　以上のモデルに基づき、各地方銀行の地域貢献志向の強さを表す指標としての有人店舗ネットワークの地元ホームマーケットへの回帰度スコアを算出する。より強い地域貢献志向を有し、地元に注力する地方銀行ほど、有限の経営資源の中からより多くの部分を地元ホームマーケットに投入するものと考えられる。したがって、全有人店舗の運営に要する総コストのうちどれだけの部分を地元ホームマーケットに投入しているかは、地方銀行の地域貢献

7　バブル経済全盛期には、わが国の地方銀行においても北米や欧州などに海外拠点を開設する動きが多数みられた（各地方銀行のディスクロージャー誌等より）。

図6-2　地元回帰度モデル

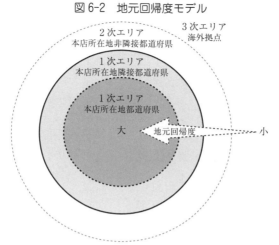

備考）本店所在地は合併銀行と被合併銀行のそれぞれ
　　　の本店所在地を合わせたエリアをいう

志向の強さを表している。

　ここで、本店所在地からの距離が拡大するにつれて1店舗当たりの設置・
運営に要する経営資源の投入量が増加すると考えられ[8]、特に海外店舗を有
する地方銀行の国際業務部門の経費率が、国内業務部門の経費率の2倍とな
っている[9]。したがって、全有人店舗の運営に要する総コストの算出に際して、
1次エリアに設置された有人店舗には1店舗当たり1ポイント、2次エリア
に設置された有人店舗には1店舗当たり1.5ポイント、3次エリアに設置さ
れた海外の有人店舗には1店舗当たり2ポイントを与えることとし、全有人
店舗の総ポイント中に占める1次エリアに設置された有人店舗のポイント総
数の比率を各地方銀行の地元回帰度スコアとする。このような手順によって
求められる当該スコアは、各地方銀行の地元ホームマーケットへの経営資源

8　例えば、現送・現受といった現金のデリバリーや手形・小切手の交換持ち出しに要するコスト、
　　行員の通勤交通費および寮や社宅などの行員住居の確保や維持のためのコストなどがあげられる。
9　2001年3月末に海外店舗を有する地方銀行13行（群馬銀行、常陽銀行、千葉銀行、八十二銀行、
　　静岡銀行、大垣共立銀行、十六銀行、滋賀銀行、山陰合同銀行、中国銀行、山口銀行、伊予銀行、
　　西日本銀行〔現在の西日本シティ銀行〕）平均の国内業務部門の経費率が1.31％であるのに対して、
　　国際業務部門の経費率が2.59％であり、2倍のコストを要している。

の投入度を示しており、地元ホームマーケットへの回帰度に基づく地域貢献志向の強さを表している（表6-1）。

2）地域貢献志向と収益性の関係

　最初に、地域貢献志向と収益性との関係についての仮説の検証を行うため、被説明変数を「総資産経常利益率」とし、「地域貢献志向」に焦点を当てた説明変数からなる以下の推計式を設定し、パネル分析を行う。

$$ROA = c_0 + c_1 OHR + c_2 BL + c_3 CK \qquad (1)$$

　ここで、被説明変数の ROA は「総資産経常利益率[10]」、OHR は「粗利益経費率[11]」、BL は「不良債権比率[12]」、CK は「地域貢献志向」をそれぞれ示す説明変数である。

　わが国の地方銀行の収益力を表す尺度としての「総資産経常利益率（ROA）」が、各地方銀行の「粗利益経費率（OHR）」や「不良債権比率（BL）」といったミクロ変数、ならびに地域社会との共存共栄志向の強さを表す「地域貢献志向（CK）」変数とどのような関係を有するのかについての検証を行う。なかでも、本節における検証の焦点は、地域社会との共存共栄を目指して様々な地域貢献活動に取り組んでいるわが国の地方銀行の地域貢献志向が、収益性を表す指標である総資産経常利益率に与える影響についてである。したがって、検証に際しては、各地方銀行の有人店舗ネットワークの地元回帰度スコアを、各行の地域貢献志向の強さを表す変数として用いる。

　ホームマーケットに稠密な有人店舗網を張り巡らし経済的およびその他の社会的・文化的な地域貢献活動に取り組む地域貢献志向の強い地方銀行ほど、

10　(((経常利益／期中日数)× 365)／(資産合計平均残高 − 支払承諾見返平均残高))× 100
11　(経費／業務粗利益)×100
12　連結ベースのリスク管理債権に基づき算出。

地域社会における存在感や地域社会からの信頼を確保し、本業である貸出取引等を通じてより高い収益性を確保することが可能となるものと考えられる。したがって、「地域貢献志向」の強さは収益性指標である「総資産経常利益率」に対してプラスの効果を有するものと期待されるため、当該変数の係数の符号はプラスとなることが予想される。本節の検証の焦点は、当該係数の符号を確認することである。

　本章の分析で扱うデータは、わが国の地方銀行の 2000 年度（2001 年 3 月末）から 2006 年度（2007 年 3 月末）までの 7 決算期間の決算短信および決算説明資料等に基づく財務データとする。

　各地方銀行は「リレーションシップバンキングの機能強化計画」を策定のうえ 2003 年 8 月末までに金融庁に提出しており、当該計画の策定・提出を強く意識して従来にも増して様々な地域貢献活動に積極的に取り組んだものと考えられる[13]。また、当該分析対象決算期間の前後において、日本版金融ビッグバン[14] に伴い様々な金融規制の緩和・撤廃が実施される中、会計制度の整備や情報開示の強化が行われ、① 1998 年度から税効果会計が適用され

13　したがって、もし、当該計画の提出直前期において、ある地方銀行の財務成績が芳しくない場合には、それを理由として当該機能計画の中で努力する旨の経営方針を記載した可能性も考えられる。

14　バブルの崩壊や経済の成熟化に伴い空洞化が懸念されたわが国の金融市場をニューヨークやロンドンと並ぶ国際市場として地位を向上させて日本経済の再生を図ることを目的として、1996 年 10 月、内閣府経済審議会・行動計画委員会の金融ワーキンググループが報告書「わが国金融システムの活性化のために」を取りまとめた。これを受けて、翌 11 月、橋本内閣はわが国の金融・資本市場の国際競争力の強化を図るため、Free（参入や商品、価格等の自由化を通じて市場原理が機能する自由な市場へ）、Fair（ルールの明確化や透明化、投資家保護を通じて透明で信頼できる市場へ）、Global（法制度や会計制度、監督制度等の整備を通じて国際的で時代を先取りできる市場へ）を改革の 3 原則として、日本版金融ビッグバンを提唱し、内閣の最重要課題の 1 つとして「金融システム改革」に全力をあげて取り組むよう、当時の三塚大蔵大臣ならびに松浦法務大臣に対して指示を行った。三塚大蔵大臣は、証券取引審議会、企業会計審議会、金融制度調査会、保険審議会、外国為替等審議会の 5 つの審議会の各会長に対して「金融システム改革」が 2001 年までに完了するプランを早急に取りまとめるよう要請し、審議会での検討がスタートした。この点について、かねてより、実践的金融自由化の観点から、規制や制度の見直し、再編成の必要性について提唱していた蠟山は、日本版金融ビッグバンの青写真の作成に参加した当時の各審議会の問題意識についてふれ、金融制度調査会の問題意識が「規制緩和を通じて規模の経済や範囲の経済を追求し、金融機関を強化すること」であるのに対して、証券取引審議会は「競争的な市場慣行を作るといった観点から新規参入を促すこと」であったと述べている（蠟山 1989、1998）。

表 6-1　地域貢献志向の指標としての有人店舗ネットワークの地元回帰度

2001 年 3 月末基準

合併等に伴う ホームマーケットの補正	都道府県／地方銀行	北海道	青森	秋田	山形	岩手	宮城	福島	群馬	栃木	茨城	埼玉	千葉	東京	神奈川	新潟	山梨	長野	富山	石川	福井	静岡	岐阜	愛知	三重	滋賀	京都	大阪	奈良	和歌山	兵庫	鳥取	島根	岡山	広島	山口	徳島	香川	愛媛	高知	福岡	佐賀	長崎	熊本	大分	宮崎	鹿児島	沖縄	海外	計	地元回帰度スコア
	北海道	132					1							1																											1									135	0.9670
	青森	4	103	2		1	1																																											112	0.9217
	みちのく	9	96	4		5	1					1		1																																				117	0.8537
	秋田	3	3	94	0	1	2	5		1				1		1																																		111	0.8584
	北都		2	85	1	1	1							1																																				91	0.9836
	荘内			1	62		3	1								0																																		68	0.9781
	山形			1	79	4	1							1																																				88	0.9497
	岩手	1	6	1		101	1							1																											1									118	0.9623
	東北		2	1		48	6							1																																				58	0.9744
[補正] 福島県の銀行を合併	七十七	1		1	1	1	130	7	0	0	0			2		0								1						1																				145	0.9492
	東邦				0		2	116	0	1	2			2		1																																		124	0.9760
	群馬						0	127	12					5		1								0																									1	167	0.9271
[補正] 埼玉県の銀行を合併	足利						1	2	20	133	9	16	0	1								0	0							1																				183	0.9837
	常陽						1	10		6	153	7											0							1																			1	184	0.9337
	関東									63	0	1																																						65	0.9771
	武蔵野						0	0	1	91	0	1				0	0																																	93	1.0000
	千葉							0			2	151	8																												1								3	163	0.9550
	千葉興業							0		0	73	1																																						74	1.0000
	東京都民									2	1	73	2																																				78	1.0000
	横浜								3			16	162								0																				1								183	0.9596
	第四	1			0			1	0		2	1	121		0	1					0				1																									130	0.9213
	北越				0		0	2		2	1	91		0																																				96	0.9538
	山梨中央								13	0				85	0							0																												98	1.0000
	八十二					1							5	4	0	140							1																										1	156	0.9313
[補正] 石川県の銀行を合併	北陸	24									6	2	1		1	88	35	22				2	3				1	5																				190	0.7078
	富山															0	36	0																															36	1.0000
	北國															9	127	3																															143	0.9586
[補正] 石川県の銀行を合併	福井											1					4	13	95								1	1	2		2																		119	0.9504
	静岡											5	11	0	0					159		6									2																	3	186	0.9143
[補正] 神奈川県の銀行を合併	スルガ											20	40		0					83		1																											126	1.0000
	清水											1	1							78		2																											82	0.9818
[補正] 愛知県の銀行を合併	大垣共立												0	0	0	0	0		91	47	4	2																										2	148	0.9536

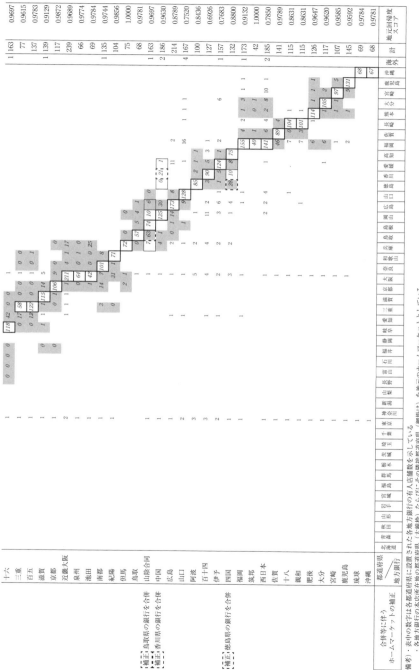

備考）・表中の数字は各地方銀行の有人店舗数を示している
　　　・各地方銀行の本店所在地の都道府県（太線枠）ならびにその隣接都道府県（網掛け）を地元のホームマーケットとしている
　　　・各地方銀行がその設立後に合併・吸収した統合先の本店所在地（太点線枠）ならびにその隣接都道府県（単線枠）を地元ホームマーケットに加えている
　　　・以上より、斜体の数字が各地方銀行の地元ホームマーケットに設置された有人店舗数を示している

る[15]とともに、②連結財務諸表中心の開示制度に移行[16]し、③2000年度から
は時価会計や退職給付会計が導入された[17]。加えて、2007年夏のサブプライ
ム危機や2008年9月のリーマンショックに伴う世界的な金融危機に伴い、
金融資本市場が混迷するとともに[18]、証券化商品や変動利付国債などの金融
商品において価格形成に混乱が生じたため[19]、①金融資産の時価の算定に際
して市場価格以外の理論価格の採用が認められる[20]とともに、②債券の保有
目的区分の変更についての弾力的な取り扱いが認められ[21]、③国内基準が適

15 　特定の収益や費用の計上年度が会計上と税務上で異なることから生じる税額計算の歪みを調整
　するための会計手法で、銀行業界については一般企業よりも1年早く適用された。

16 　銀行業界については1年前倒しで1999年3月期より連結決算に移行し、財務諸表に加えて自
　己資本比率についても連結ベースで開示されるようになった。なお、不良債権（リスク管理債権）
　の開示については、1993年3月期より破綻先債権の開示がスタートした後、1996年3月期より
　破綻先債権に加えて延滞債権および金利減免債権の開示が、また1998年3月期からは破綻先債
　権および延滞債権、3ヵ月以上延滞債権、貸出条件緩和債権の開示が行われるようになり、現在
　に至っている。また、1998年3月期より全地方銀行のTier1比率の開示情報が出揃うようにな
　った。

17 　金融商品時価会計の導入時期については、地方銀行全64行中53行が2001年3月期より早期
　適用導入した。

18 　金融安定化フォーラム（FSF）は、2008年4月、7ヵ国財務大臣・中央銀行総裁会議（G7）
　において、金融市場の混乱の原因を分析のうえ、将来の市場および金融機関の強靭性を高めるた
　めの方策を取りまとめ、「市場と制度の強靭性の強化に関する金融安定化フォーラム（FSF）報
　告書」を公表した。当該報告書の提言は、①自己資本・流動性・リスク管理に対する健全性監督
　の強化、②透明性・価格評価の強化、③信用格付の役割・利用の変更、④当局のリスク対応力の
　強化、⑤金融システムにおけるストレスに対応するための堅固な体制、から構成され、その後の
　バーゼル銀行監督委員会（BCBS）による、「健全な流動性リスク管理及びその監督のための諸
　原則」や「経済資本の枠組みの実務の幅と論点」「健全なストレス・テスト実務及びその監督の
　ための諸原則」「バーゼルⅡの枠組みの強化」「コーポレート・ガバナンスを強化するための諸原
　則」「バーゼルⅢテキスト」などの一連の金融規制改革の青写真となった。また、わが国政府は
　2008年10月に新たな経済対策として「生活対策」を公表し、その中に「金融資本市場安定対策」
　を盛り込んだ。当該対策の内容は、①金融機能強化法の改正、②金融商品の時価の算定方法の明
　確化、②債券の保有目的区分の変更についての取り扱いの弾力化、③銀行の自己資本比率規制の
　一部弾力化などからなる。なお、滝川（2011）は、サブプライム金融危機の本質およびそのメカ
　ニズムについて詳細に分析している。

19 　滝川（2010）は、「サブプライムローン債権などを組み込んだ証券化商品は取引所の上場商品
　ではなく、証券化商品の相対取引は格付を基にした理論価格で行われており、取引当事者に都合
　のいいように損失が過少に見積もられているとの指摘が絶えない」と指摘している。この点につ
　いては、ドイツ証券が国内の金融機関などの機関投資家に販売した複数の証券化商品に関する時
　価評価が、①同じ証券化商品の時価（同一時点）が顧客によって異なること、②同じ証券化商品
　の時価（同一時点）について、複数の時価を顧客に提示したうえで、どの時価を採用すべきかに
　ついて顧客に判断させていたこと、③時価評価の基準日を誤ったり、時価の増減を間違えたりし
　たことから、ずさんな時価算出を行っていた疑いのあることが、証券取引等監視委員会の検査で
　明らかになった（『日本経済新聞』2008年4月30日）。

用されている預金等取扱金融機関については有価証券の評価損を自己資本の基本的項目（Tier 1）から控除しないこととされた[22]。これらの会計制度や自己資本比率規制などの変更が、各地方銀行の元来の財務構造の違いや、各種の制度変更に対する各地方銀行の対応方針の相違を通じて分析対象期間中の財務データに少なからず影響を与えたものと考えられる。したがって、それらの影響を軽減するとともにデータサンプル数を相応に確保するため、上記の決算期間の財務データを用いることとした。

　特に、サブプライム危機をはじめとする一連の世界的規模での金融危機は、債券や証券化商品などの金融商品の時価評価の一部凍結や、自己資本比率規制の一部弾力化措置の実施といった緊急避難的措置、さらにはその後の国際的な自己資本比率規制および流動性比率規制の強化の議論に発展することと

20　金融市場が混乱する中で、証券化商品などに投げ売りが殺到して市場の価格メカニズムが機能しなくなった。これに対して、金融安定化フォーラムは、2008年4月の会計・開示に関する提言の中で、国際会計基準審議会（IASB）に対して、①市場が活発でない場合の金融商品の評価に関するガイダンスの強化、②金融商品の評価に関する開示（評価方法および評価における不確実性に関する開示を含む）を要請し、2008年10月、同審議会の専門家諮問委員会は「活発ではない市場における公正価値測定に関するガイダンス」を公表した。この点について、バーゼル銀行監督委員会（BCBS）も、銀行の金融商品公正価値評価プロセスの評価を強化することを助けるとともに、銀行のリスク管理および統制プロセスの改善を促すため、2009年4月に「銀行の金融商品公正価値実務の評価のための監督上のガイダンス」を公表した。わが国においても企業会計基準委員会は、時価の算定の取り扱いに関する質問に対する確認事項といった形で、2008年10月に「金融資産の時価の算定に関する実務上の取扱い」を公表し、「実際の売買事例が極めて少ない金融資産や売手と買手の希望する価格差が著しく大きい金融資産の時価は、基本的に経営者の合理的な見積もりに基づく合理的に算定された価格」で評価することとして、事実上、価格が大幅に下落している変動利付国債や証券化商品などについては2008年9月期から市場価格による評価を行わず理論価格で評価することを認めた。

21　企業会計基準委員会は、2008年12月に「債券の保有目的区分の変更に関する当面の取扱い」を公表し、一定の条件の下での、①「売買目的有価証券」から「その他有価証券」または「満期保有目的債券」への振替、②「その他有価証券」から「満期保有目的債券」への振替についての取り扱いを2010年3月末までの間認めることとした。①の場合は評価損による期間損益への影響を回避でき、②の場合は評価損による純資産への影響を回避できることとなる。

22　金融庁は2008年11月に「銀行等の自己資本比率規制の一部弾力化について」を公表し、国内基準適用行については「有価証券の評価損を、自己資本の基本的項目（Tier 1）から控除しないこと」とし、また国際統一基準適用行については「信用リスクのない債券の評価損益について、評価益を自己資本の補完的項目（Tier 2）に算入しないとともに評価損も自己資本の基本的項目（Tier 1）から控除しない取り扱いも認めること」とした。なお、当該特例措置は、2008年12月決算（半期決算先は2009年3月期決算）から2012年3月期決算までの間適用されることとなった。

なった[23]。このような国際的な金融危機をめぐる対応状況は、この問題が世界的規模で金融システム不安を惹起し、金融機関の財務内容のみならず経営基盤そのものをも揺るがすものであったことを示すものであるといえよう。

ここで、分析対象の地方銀行は、地方銀行全64行のうち、非上場行3行[24]と当該分析対象期間中に経営破綻した1行[25]の計4行を除外した計60行、またデータのサンプル数は決算期7期分を用いたため、計420となった[26]。

パネル分析による推計結果は以下の通りである。Hausman検定の結果[27]、固定効果モデルを採用した[28]（表6-2）。

以上の推計結果によると、自由度調整済みの決定係数が相応に高く、良好な内容となっている。具体的な検証結果としては、「粗利益経費率（OHR）」が、1%有意水準で有意にマイナスとなった。経費管理を徹底して効率的経営を実践している地方銀行ほど、高い収益性を確保していることを示している。また、「不良債権比率（BL）」は、0.1%有意水準で有意にマイナスとなっており、「不良債権比率（BL）」の高い地方銀行ほど、「総資産経常利益率

23　金融安定化フォーラムの提言などを受けて、20ヵ国・地域（G20）首脳会議は、銀行によるハイリスクな金融取引が国際的規模での金融危機を招いたとして、銀行の自己資本比率規制の強化を要請し、バーゼル銀行監督委員会の上位機関である中央銀行総裁・銀行監督当局長官グループは、2010年9月12日に新たな自己資本および流動性の枠組みで合意し、「バーゼルⅢ」を公表するに至った。当該枠組みは11月のG20ソウル・サミットで報告・了承された後、バーゼル銀行監督委員会は、12月16日、規制、監督および国際的な銀行のリスク管理に関して、金融危機から得られた教訓に対処すべく、①自己資本比率規制（「より強靭な銀行と銀行システムのための国際的な規制枠組み」）、②流動性規制（「流動性リスク計測、基準、モニタリングのための国際的枠組み」）といった新たな規制の枠組みの詳細である「バーゼルⅢテキスト」を公表した。

24　北都銀行、荘内銀行、但馬銀行の各行。

25　2003年11月、預金保険法第102条第1項第3号に定める措置を講ずる必要がある旨の認定および同法第111項に基づく特別危機管理開始が決定（国有化）された足利銀行。

26　分析対象期間中に合併等のあった関東銀行（2003年4月1日つくば銀行と合併し、関東つくば銀行と改称）、大阪銀行（2000年4月1日近畿銀行と合併し、近畿大阪銀行と改称、その後さらに2001年2月13日なみはや銀行の営業を大和銀行と分割譲受）、西日本銀行（2004年10月1日福岡シティ銀行と合併し、西日本シティ銀行と改称）の3行については、合併前の銀行の財務データに引き続き、合併後の銀行の財務データを使用している。

27　χ^2検定量が28.054、p値が0.000となり、ランダム効果モデルという帰無仮説が棄却されるため、固定効果モデルを採用する。

28　粗利益経費率（OHR）と不良債権比率（BL）の2つの変数について1期リードラグを入れて強外生性のワルド検定を行った結果、χ^2検定量が4.433、p値が0.108となり、10%有意水準では強外生性という帰無仮説が棄却されないため、強外生性の問題はないものと考えられる。

表 6-2　地域貢献志向と収益性の関係

	係数	t 値
切片	− 6.167	− 3.143
粗利益経費率（OHR）	− 0.017	− 3.232*
不良債権比率（BL）	− 0.152	− 11.008**
地域貢献志向（CK）	9.057	4.260**

自由度調整済み決定係数（adj.R^2）= 0.348
備考）「*」「**」は、それぞれ有意水準 1 %、0.1 %
で有意であることを示す

（ROA）」が低いことを示している。多額の不良債権を抱える地方銀行ほど、その処理のためにより大きなコスト負担を強いられることから、収益性が低くなっているものと考えられる。

　本節の検証の焦点である「地域貢献志向（CK）」については、0.1 % 有意水準で有意にプラスとなった。以上より、地域社会との共存共栄をより強く意識して地域貢献活動に取り組んでいる地方銀行ほど総資産経常利益率が高く、より高い収益性を確保していることが確認できた。したがって、地域密着型金融に関する先行研究における地域社会との親密性が地域金融機関の収益性を損ねるといった指摘は、当該分析対象期間においては、わが国の地方銀行については必ずしも当てはまらないことが明らかになった。

3）地域貢献志向と健全性の関係

　次に、地域貢献志向と健全性との関係についての仮説の検証を行うため、被説明変数を「中核自己資本比率」とし、「地域貢献志向」に焦点を当てた説明変数からなる以下の推計式を設定し、パネル分析を行う[29]。

$$\text{Tier } 1 = c_0 + c_1 \text{SBL} + c_2 \text{DEP} + c_3 \text{BL} + c_4 \text{CK} \qquad (2)$$

[29]　当該検証において、自己資本比率と中小企業貸出比率の関係についての回帰分析を行った家森（2002）を踏まえつつ、推計式を設定した。

　ここで、被説明変数の Tier 1 は中核自己資本比率である「Tier 1 比率[30]」、SBL は「中小企業等貸出比率[31]」、DEP は「預金量[32]」、BL は「不良債権比率[33]」、CK は「地域貢献志向」をそれぞれ示す説明変数である。財務体質の健全性を表す被説明変数として、自己資本比率ではなく、中核自己資本比率である Tier 1 比率を用いることとしたのは、Tier 2 が株式市況等の外部経済環境の変動による影響を受けるため、Tier 2 などの補完的項目を含めた自己資本比率よりもそれらの補完的項目を含まない Tier 1 比率の方が銀行の財務体質の健全性をより的確に表した指標であるといえるためである[34]。

　本節では、わが国の地方銀行の財務健全性を表す尺度としての中核自己資本比率である「Tier 1 比率（Tier 1）」が、各地方銀行の「中小企業等貸出比率（SBL）」や「預金量（DEP）」「不良債権比率（BL）」といったミクロ変数、ならびに地域社会との共存共栄志向の強さを表す「地域貢献志向（CK）」変数とどのような関係を有するのかについての検証を行う。なかでも、本節における検証の焦点は、地域社会との共存共栄を目指して様々な地域貢献活動に取り組んでいるわが国の地方銀行の地域貢献志向が、財務の健全性を表す指標である Tier 1 比率に与える影響についてである。したがって、本節の

30　Tier 1 は、資本金、資本剰余金、利益剰余金などの基本的項目からなり、銀行の財務の健全性を表す中核資本をさし、「狭義の自己資本」という。これに対して、Tier 2 は有価証券の含み益の 45％や劣後ローンなどの補完的項目からなり、「広義の自己資本」という。

31　中小企業等とは、資本金 3 億円（ただし、卸売業は 1 億円、小売業、サービス業は 5000 万円）以下の会社または常用する従業員が 300 人（ただし、卸売業は 100 人、小売業は 50 人、サービス業は 100 人）以下の会社および個人である。なお、1999 年 12 月 3 日に「中小企業基本法等の一部を改正する法律」が公布・施行され、「中小企業」の範囲が改正された。

32　連結ベースの預金等（預金＋譲渡性預金）。ただし、連結ベースの数値の開示がない場合、単体数値で代用。

33　連結ベースのリスク管理債権に基づき算出。

34　金融庁（2006）「主要行等向けの総合的な監督指針」は、財務健全性の確保の観点から、リスク特性に照らした全体的な自己資本の充実の程度を評価するプロセスを有し、質・量ともに十分な自己資本を維持するための適切な方策を講じる必要があるとしたうえで、Tier 1 を中心とする資本構成となっているかといった自己資本の質についての評価基準を明示しており、自己資本の質を重視する方針を示している。なお、金融庁（2006）「中小・地域金融機関向けの総合的な監督指針」は、「『主要行等向けの総合的な監督指針』は基本的に主要行を対象とするものの、中小・地域金融機関についても、必要に応じて適宜当該監督指針を参照のうえ、これに準じること」としている。

表6-3　地域貢献志向と健全性の関係

	係数	t 値
切片	1.820	0.642
中小企業等貸出比率（SBL）	-0.005	-0.341
預金量（DEP）	$2.78E-07$	1.754^{*}
不良債権比率（BL）	-0.254	-13.122^{***}
地域貢献志向（CK）	7.969	2.849^{**}

自由度調整済み決定係数（adj.R^2）= 0.887
備考）「*」「**」「***」は、それぞれ有意水準10%、1%、
　　　0.1%で有意であることを示す

　検証に際しても、各地方銀行の有人店舗ネットワークの地元回帰度スコアを、
各行の地域貢献志向の強さを表す変数として用いる。

　ホームマーケットに稠密な有人店舗網を張り巡らし経済的およびその他の
社会的・文化的な地域貢献活動に取り組む地域貢献志向の強い地方銀行ほど、
地域社会における存在感や地域社会からの信頼を確保し、本業である貸出取
引等を通じてより高い収益性を確保し、内部留保の積み上げを図ることが可
能となるものと考えられる。したがって、「地域貢献志向」の強さは財務の
健全性の指標である「中核自己資本比率」に対してもプラスの効果を有する
ものと期待されるため、当該変数の係数の符号はプラスとなることが予想さ
れる。本節の検証の焦点は、当該係数の符号を確認することである。

　パネル分析による推計結果は以下の通りである。Hausman 検定の結果[35]、
固定効果モデルを採用した[36]（表6-3）。

　以上の推計結果によると、自由度調整済みの決定係数が極めて高く、良好
な内容となっている。具体的な検証結果としては、「中小企業等貸出比率
（SBL）」については統計的に有意な関係を確認できない一方で[37]、「預金量

35　χ^2 検定量が 19.101、p 値が 0.000 となり、ランダム効果モデルという帰無仮説が棄却されるた
　　め、固定効果モデルを採用する。
36　中小企業等貸出比率（SBL）と預金量（DEP）、不良債権比率（BL）の3つの変数について1
　　期リードラグを入れて強外生性のワルド検定を行った結果、χ^2 検定量が 1.668、p 値が 0.644 と
　　なり、10%有意水準では強外生性という帰無仮説が棄却されないため、強外生性の問題はないも
　　のと考えられる。

（DEP）」は10％有意水準で有意にプラスとなっており、「預金量（DEP）」の多い地方銀行ほど中核自己資本比率である「Tier 1 比率（Tier 1）」が高いことを示している。また、「不良債権比率（BL）」は、0.1％有意水準で有意にマイナスとなっており、「不良債権比率（BL）」の高い地方銀行ほど、中核自己資本比率である「Tier 1 比率（Tier 1）」が低いことを示している。多額の不良債権を抱える地方銀行ほど、その処理のためにより大きな財務上の負担を強いられることから、内部留保などを通じた中核自己資本の積み上げがままならないものと考えられる。

本節の検証の焦点である「地域貢献志向（CK）」については、1％有意水準で有意にプラスとなった。以上より、地域社会との共存共栄をより強く意識して地域貢献活動に取り組んでいる地方銀行ほど中核自己資本比率が高く、より高い財務健全性を確保していることが確認できた。したがって、地域密着型金融に関する先行研究における地域社会との親密性が地域金融機関の健全性を損ねるといった指摘は、当該分析対象期間においては、わが国の地方銀行については必ずしも当てはまらないことが明らかになった。

第5節　ポジティブ・フィードバック・ループ

以上のパネル分析の結果から、「地域社会との豊かな人間関係のネットワークを構築して地域経済の活性化に取り組み、地域社会からの高い信頼を獲得している地域貢献志向の強い地方銀行ほど、地域金融を担うために必要となる高い収益性や健全性を確保し、より強固な財務基盤を構築している」という仮説が支持された。すなわち、より強い地域貢献志向を有する地方銀行ほど、本業を通じた経済的地域貢献活動やその他の社会的・文化的地域貢献活動を通じて地域社会からの信頼や収益の獲得が可能となり、地域金融を担

37　この点で、中小企業貸出比率の高い金融機関ほど自己資本比率が低いことを確認した家森（2002）とは異なる結果となった。

図6-3　ポジティブ・フィードバック・ループ

〔1〕地域貢献志向と収益性との正のスパイラル関係

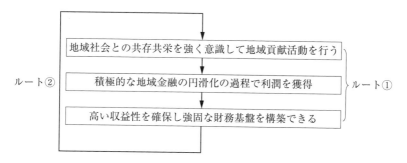

〔2〕地域貢献志向と健全性との正のスパイラル関係

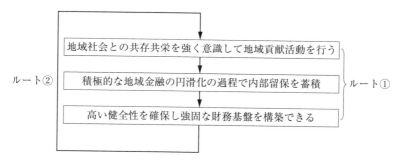

うために必要となる高い収益性や健全性を確保し、より強固な財務基盤を構築することが可能となるというものである。

　以上の仮説が支持された理由として、わが国の地方銀行の地域貢献志向と収益性や健全性との間にポジティブ・フィードバック・ループが存在することが考えられる（図6-3）。

　一般的に、地域経済の発展に向けて地域金融をしっかりと担うためには盤石の経営基盤が求められる。そこで、地域社会との共存共栄をより強く意識する地方銀行ほど、有人店舗を拠点として地域社会との豊かな人間関係のネットワークを構築して、より積極的に地域金融の円滑化に取り組み、地域社会との共存共栄を達成することが可能となるため、その過程で高い収益性が

確保される（図6-3〔1〕のルート①）とともに、その結果として、地域社会でのプレゼンスや役割、期待が大きくなるため、より一層地域社会との共存共栄を強く意識するようになる（図6-3〔1〕のルート②）。

そして、高い収益性に裏づけられた利潤の獲得によって内部留保の蓄積が図られるとともに、地域社会からの高い信頼に裏づけられた資本の増強も可能となりやすくなることから、より強固な財務健全性を確立することが可能となる（図6-3〔2〕のルート①）とともに、そのようなより強固な財務基盤を構築した結果、地域金融の円滑化をより積極的に意識しながら経営に取り組むことができるようになる（図6-3〔2〕のルート②）。

したがって、地域貢献志向と財務内容との間に、以上の2つのルートを通じた正（プラス）のスパイラル効果が生まれる結果、地域社会との豊かな人間関係のネットワークを構築して地域経済の活性化に取り組み、地域社会からの高い信頼を獲得している地域貢献志向の強い地方銀行ほど、高い収益性と健全性を確保し、より強固な財務基盤を確立することが可能となるものと考えられる。

第6節　地域貢献活動による財務基盤強化効果

本章では、地域社会との共存共栄を目指して地域社会に対する様々なコミットメントを行う地域金融機関の経営特性についての前章での検討を踏まえ、有人店舗を拠点として地域貢献活動に取り組むわが国の地方銀行の地域貢献志向と財務内容との関係についてのパネル分析を行った。

検証の結果得られた知見は、地域貢献志向と財務内容との間にポジティブ・フィードバック・ループが存在し、正のスパイラル効果が生まれることによって、「地域社会との共存共栄を強く意識して様々な地域貢献活動を行う地方銀行ほど、地域社会からの信頼の獲得を通じて、地域金融をしっかりと担うために必要となる高い収益性や健全性を確保し、より強固な財務基盤を確

立している」というものである。

　したがって、地域金融機関の地域社会との親密性が地域金融機関の収益性や健全性を損ねるといったソフトバジェット問題についての先行研究の指摘は、わが国の地方銀行に対しては必ずしも当てはまらないことが明らかになった。

表6-1（別表） 地域貢献志向の指標としての有人店舗ネットワークの地元回帰度（2）

2002年3月末基準

都道府県 / 地方銀行	合併等に伴う ホームマーケットの補正	北海道	青森	秋田	山形	岩手	宮城	福島	茨城	群馬	埼玉	千葉	神奈川	新潟	山梨	長野	富山	石川	福井	岐阜	愛知	三重	滋賀	京都	奈良	大阪	和歌山	兵庫	島根	岡山	広島	山口	徳島	香川	愛媛	高知	福岡	佐賀	長崎	熊本	大分	宮崎	鹿児島	沖縄	海外	計	地元回帰度スコア
北海道		129																								1																				132	0.9663
青森		4	102	2		1	1	1																		1																				111	0.9211
みちのく		9	96	4	5	1	1																			1																				117	0.8537
秋田		3	3	93	1	1	2	5					1																																	109	0.8684
北都			2	84	1	1	1																			1																				90	0.9834
荘内			1		62		1	2																		1																				68	0.9781
山形				1	78		7																			1																				87	0.9492
岩手		1	6		1	98	7																			1																				115	0.9614
東北				2		48	6																			1																				58	0.9744
七十七	補正; 福島県の銀行を合併	1		1	1	2	130	2							2											1																				145	0.9492
東邦							2	112								2	1																													120	0.9752
群馬								1	17	133	1		1												1																			1	157	0.9226
足利	補正; 埼玉県の銀行を合併							2	19	133	8	16	1													1																			1	180	0.9917
常陽								10	147	2	5	1														1																			1	178	0.9315
関東								63		1		0																																	65	0.9771
武蔵野										3	92		0																																	94	1.0000
千葉											10	153	1																																1	165	0.9555
千葉興業											70	1																																		71	1.0000
東京都民												15	165																																	78	1.0000
横浜												2	120		0											1																				185	0.9600
第四								3					91	13																																129	0.9208
北越													85	4	140																															96	0.9538
山梨中央																									1																				98	1.0000
八十二		25						1				8	2	4	0																															156	0.9313
北陸	補正; 石川県の銀行を合併																88	30	22						3																					191	0.6901
富山																	36	0																												36	1.0000
北國	補正; 石川県の銀行を合併																4	127	3	0																										142	0.9583
福井																	4	13	94	0	6			1																						118	0.9500
静岡	補正; 神奈川県の銀行を合併											5	11								161				2																					188	0.9152
スルガ												24	30								87																									122	1.0000
清水												1	1								78																									82	0.9818
大垣共立	補正; 愛知県の銀行を合併																		0	95	47	4	2		1																				2	152	0.9548

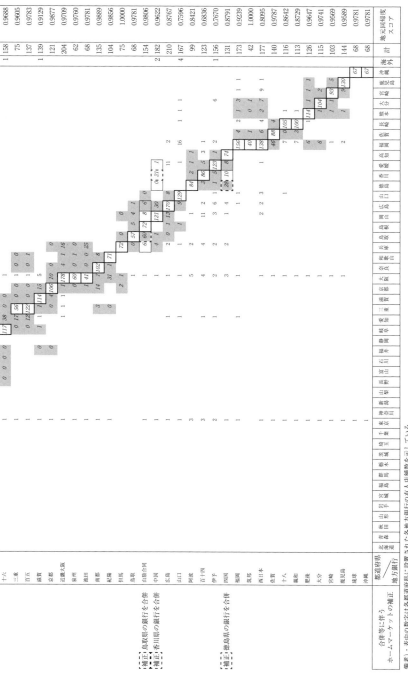

都道府県/地方銀行	…	計	地元回帰度スコア
十六		158	0.9688
三重		75	0.9605
百五		137	0.9783
滋賀		139	0.9129
京都		121	0.9877
近畿大阪		204	0.9709
泉州		62	0.9760
池田		68	0.9781
南都		135	0.9889
紀陽		104	0.9856
但馬		75	1.0000
鳥取		68	0.9781
山陰合同		154	0.9806
中国		182	0.9622
広島		210	0.8767
山口		167	0.7596
阿波		99	0.8421
百十四		123	0.6636
伊予		156	0.7670
四国		131	0.8791
福岡		173	0.9239
筑邦		42	1.0000
西日本		177	0.8095
佐賀		140	0.9787
十八		116	0.8642
親和		113	0.8729
肥後		126	0.9647
大分		115	0.9741
宮崎		103	0.9569
鹿児島		144	0.9589
琉球		68	0.9781
沖縄		67	0.9781

【補正：鳥取県の銀行を合併】
【補正：香川県の銀行を合併】
【補正：徳島県の銀行を合併】

合併等に伴うホームマーケットの補正

備考）・表中の数字は各都道府県に設置された各地方銀行の有人店舗数を示している
・各地方銀行の本店所在地の都道府県（太線枠）ならびにその隣接都道府県（網掛け）を地元のホームマーケットとしている
・各地方銀行の設立後に合併・吸収した統合合併銀行（太点線枠）ならびにその隣接都道府県（単線枠）を地元ホームマーケットに加えている
・以上より、斜体の数字が地元ホームマーケットに設置された有人店舗数を示している

表 6-1（別表）　地域貢献志向の指標としての有人店舗ネットワークの地元回帰度 (3)

2003 年 3 月末基準

地方銀行	海外	計	地元回帰度スコア
北海道		133	0.9665
青森		111	0.9211
みちのく		117	0.8537
秋田		106	0.8649
北都		86	0.9827
荘内		70	0.9787
山形		83	0.9467
岩手		111	0.9732
東北		57	0.9739
七十七		146	0.9495
東邦		114	0.9739
群馬	1	152	0.9201
足利		171	0.9913
常陽		174	0.9492
武蔵野		65	0.9771
千葉		91	1.0000
千葉興業	3	164	0.9552
東京都民		71	1.0000
横浜		78	1.0000
第四		183	0.9596
北越		129	0.9208
山梨中央		96	0.9538
八十二		98	1.0000
北陸	1	155	0.9308
富山		189	0.6936
福井		35	1.0000
静岡		135	0.9562
スルガ		108	0.9455
清水	3	188	0.9302
大垣共立		120	0.9752
		83	0.9820
		150	0.9801

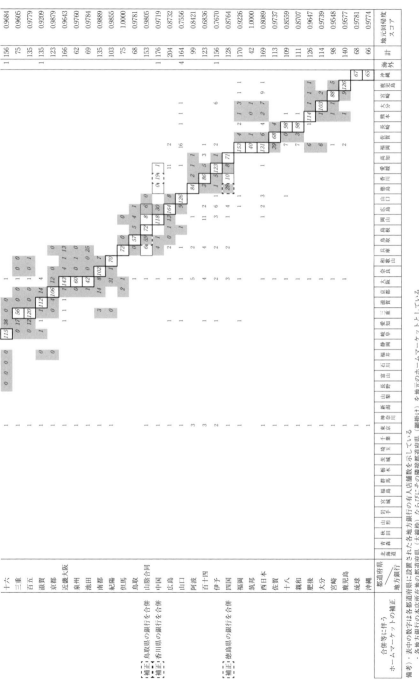

表6-1（別表）　地域貢献志向の指標としての有人店舗ネットワークの地元回帰度（4）

2004年3月末基準
合併等に伴う
ホームマーケットの補正

都道府県／地方銀行	北海道	青森	秋田	山形	岩手	宮城	福島	群馬	栃木	茨城	埼玉	千葉	東京	神奈川	山梨	長野	新潟	富山	石川	福井	岐阜	静岡	愛知	三重	滋賀	京都	大阪	奈良	和歌山	兵庫	鳥取	島根	岡山	広島	山口	香川	徳島	愛媛	高知	福岡	佐賀	長崎	熊本	大分	宮崎	鹿児島	沖縄	海外	計	地元回帰度スコア
北海道	131																										1																						134	0.9668
青森	4	102	2																																														111	0.9211
みちのく	9	96	4																																														117	0.8537
秋田	3		89	1	2	5																																											105	0.8636
北都			82	1																																													86	0.9827
荘内				62	1	5	1																																										70	0.9787
山形				71	1	6	1																																										81	0.9455
岩手					95	1	6	1																																									109	0.9863
東北					48	5																																											57	0.9739
七十七	1				1	122	2						2																																			1	142	0.9481
東邦						1	107						2																																				115	0.9741
群馬							2	109	10	20			5																																				147	0.9175
足利						1	19	120	8	16			1							0																													167	0.9910
常陽							1	10	6	143			4		0																																		172	0.9486
関東									4	77	1		1																																				85	0.9825
武蔵野											88																																						90	1.0000
千葉									0	0	0	148	8									0				1																						3	160	0.9541
千葉興業									0	0	0	70	1																																				71	1.0000
東京都民											0	2	75	2												1																							80	1.0000
横浜									0	0	1	14	169									0																											188	0.9606
第四	1								3				5		4	1	120			0		0																											129	0.9208
北越																85						0																											90	0.9508
山梨中央													13	0	83																																		96	1.0000
八十二	23												5	4	120								1	1	3																							1	154	0.9304
北陸													8	1	89	34	22		0			1	3																									187	0.7167
富山																35	0																																35	1.0000
北國															8	116	2						1																										130	0.9545
福井															4	11	79	0						1	2																							3	101	0.9417
静岡													1			160	0	1	0																														182	0.9280
スルガ													11	25	36	76	0						0																										117	0.9746
清水													1			79	0																																83	0.9820
大垣共立													1			92	47	2	2																														147	0.9797

（補正：福島県の銀行を合併）
（補正：埼玉県の銀行を合併）
（補正：石川県の銀行を合併）
（補正：石川県の銀行を合併）
（補正：神奈川県の銀行を合併）
（補正：愛知県の銀行を合併）

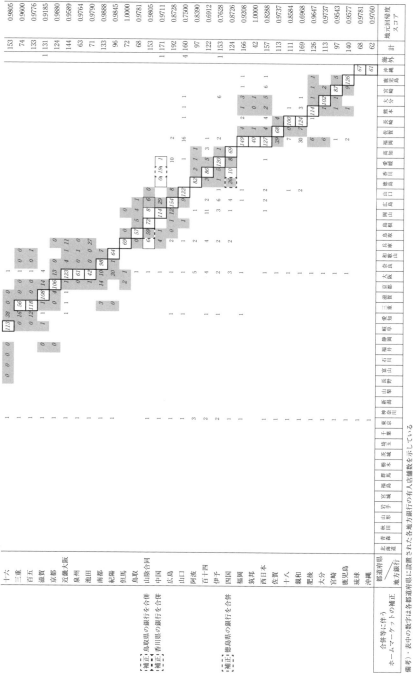

編考）・表中の数字は各都道府県に設置された各地方銀行の有人店舗数を示している
・各地方銀行の本店所在地の都道府県（太線枠）ならびにその隣接都道府県（網掛け）を地元のホームマーケットとしている
・各地方銀行がその設立後に合併・吸収した統合後銀行の本店所在地（太点線枠）ならびにその隣接都道府県（単線枠）を地元ホームマーケットに加えている
・以上より、斜体の数字が地元ホームマーケットに設置された有人店舗数を示している

表6-1（別表） 地域貢献志向の指標としての有人店舗ネットワークの地元回帰度（5）

2005年3月末基準

都道府県 地方銀行	合併等に伴うホームマーケットの補正	主な所在地域（都道府県）	海外	計	地元回帰度スコア
北海道		北海道 132		135	0.9670
青森		青森 102 ほか		111	0.9211
みちのく		青森 9, 秋田 96 ほか		117	0.8537
秋田		北海道 3, 青森 89 ほか		105	0.8636
北都		秋田 82 ほか		86	0.9827
荘内		山形 62 ほか		70	0.9787
山形		山形 70 ほか		79	0.9441
岩手		岩手 95, 宮城 7 ほか		110	0.9864
東北		岩手 48, 宮城 4 ほか		56	0.9735
七十七		宮城 126 ほか		141	0.9477
東邦	補正：福島県の銀行を合併	福島 108 ほか		116	0.9744
群馬		群馬 104 ほか	1	143	0.9153
足利		栃木 113, 群馬 15 ほか		155	1.0000
常陽		茨城 143, 栃木 8 ほか		172	0.9486
関東	補正：埼玉県の銀行を合併	茨城 77 ほか		85	0.9825
武蔵野		埼玉 88 ほか		90	1.0000
千葉		千葉 150 ほか	3	162	0.9547
千葉興業		千葉 70 ほか		71	1.0000
東京都民		東京 72 ほか		77	1.0000
横浜		神奈川 169, 東京 14 ほか		188	0.9606
第四		新潟 118 ほか		127	0.9195
北越		新潟 84 ほか		89	0.9503
山梨中央		山梨 81 ほか		93	1.0000
八十二		長野 136 ほか	1	152	0.9295
北陸	補正：石川県の銀行を合併	富山 96, 石川 34, 福井 22 ほか		186	0.7286
富山		富山 35		35	1.0000
北國	補正：石川県の銀行を合併	石川 116 ほか		130	0.9545
福井		福井 79 ほか		100	0.9412
静岡		静岡 162 ほか	3	185	0.9291
スルガ	補正：神奈川県の銀行を合併	静岡 77, 神奈川 36 ほか		119	0.9750
清水		静岡 77 ほか		80	0.9814
大阪共立	補正：愛知県の銀行を合併	大阪 88, 愛知 46 ほか		142	0.9790

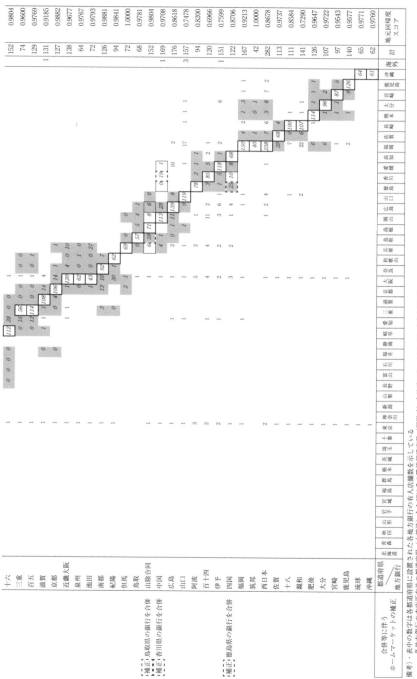

備考・表中の数字は各都道府県に設置された各地方銀行の有人店舗数を示している
・各地方銀行の本店所在地（太線枠）ならびにその隣接都道府県（網掛け）を地元のホームマーケットとしている
・各地方銀行がその設立後に合併・吸収した地方銀行（単線枠）ならびに統合地方銀行の本店所在地（太点線枠）を地元ホームマーケットに加えている
・以上より、斜体の数字が地元ホームマーケットに設置された有人店舗数を示している

表6-1（別表）　地域貢献志向の指標としての有人店舗ネットワークの地元回帰度（6）

2006年3月末基準

地方銀行	合併に伴うホームマーケットの補正	北海道	青森	秋田	山形	岩手	宮城	福島	群馬	栃木	茨城	埼玉	千葉	東京	神奈川	新潟	山梨	長野	富山	石川	福井	岐阜	静岡	愛知	三重	大阪	計	地元回帰度スコア
北海道		132												1													134	0.9778
青森		4	102	2																							111	0.9211
みちのく		9	95																								116	0.8525
秋田		3		88		1																					104	0.8624
北都				81	1																						85	0.9825
荘内				1	62	1																					71	0.9790
山形				1	69	1																					79	0.941
岩手				6	1	94	8																				110	0.9864
東北				2	1	48	4																				56	0.9735
七十七				1		1	126	2						2												1	141	0.9477
東邦	【補正】福島県の銀行を合併						2	107	1					2													115	0.9741
群馬									104	10	23			5													1145	0.9164
足利	【補正】埼玉県の銀行を合併								141	110	8	16		1												1	150	1.0000
常陽									1	144	5		4														173	0.9489
関東									10		89	1				0											85	0.9825
武蔵野											70	1	8			0											91	1.0000
千葉												150	6														163	0.9550
千葉興業												70	1														71	1.0000
東京都民												2	73	2													78	1.0000
横浜								3					13	171											1		193	0.9616
第四											1		6		116												125	0.9183
北越													1		84												89	0.9503
山梨中央								2					8			78								1			91	1.0000
八十二	20											1	8		4	136											155	0.9216
北陸	【補正】石川県の銀行を合併											1	3			3		90	34	22	7		3		1		185	0.7340
富山																		35									35	1.0000
北國	【補正】石川県の銀行を合併																	8	115	2							129	0.9542
福井													1					4	10	79	1		1	2			100	0.9412
静岡	【補正】神奈川県の銀行を合併 スルガ																				162		3		1		184	0.9965
スルガ	【補正】神奈川県の銀行を合併											1	36	36							77	1		2			119	0.9750
清水													1	0							78						81	0.9816
大阪共立	【補正】愛知県の銀行を合併												1								88	46	4	2	1		142	0.9790

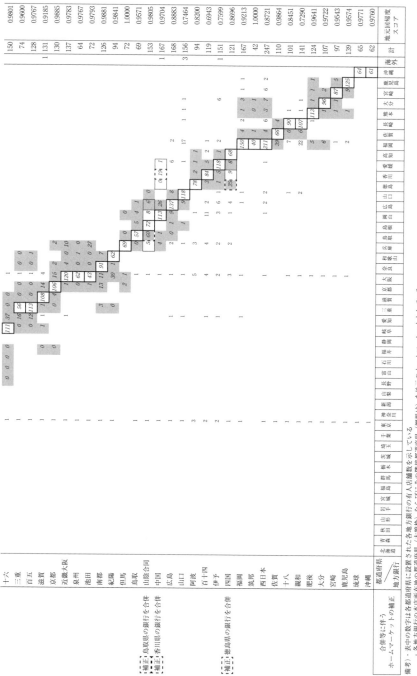

備考）・表中の数字は各都道府県に設置された各地方銀行の有人店舗数を示している
　　　・各地方銀行の本店所在地（太線枠）ならびにその隣接都道府県（網掛け）を地元のホームマーケットとしている
　　　・各地方銀行の設立後に合併・吸収した合併銀行の本店所在地（大点線枠）ならびにその隣接都道府県（単線枠）を地元ホームマーケットに加えている
　　　・以上より、斜体の数字が地元ホームマーケットに設置された有人店舗数を示している

表 6-1（別表） 地域貢献志向の指標としての有人店舗ネットワークの地元回帰度 (7)

2007 年 3 月末基準

補正・合併等に伴うホームマーケットの補正：

都道府県 地方銀行	北海道	青森	秋田	山形	岩手	宮城	福島	茨城	栃木	群馬	埼玉	千葉	東京	神奈川	新潟	山梨	長野	富山	石川	福井	静岡	岐阜	愛知	三重	滋賀	京都	大阪	海外	計	地元回帰度スコア
北海道	132					1																							134	0.9778
青森	4	102		2		1	1																						111	0.9211
みちのく	8	92		4	1	1																							110	0.8696
秋田	3		88	0	0	1	5																						104	0.8624
北都			80	0		1																							84	0.9822
荘内				62		8	1																						73	0.9796
山形				69		5	1																						79	0.9441
岩手					92	7	1																						107	0.9860
東北					48	4																							56	0.9735
七十七	1	1		1	1	125	2	0	0				2													1			140	0.9474
東邦						2	106	1	1	0			2																114	0.9739
群馬						1		10	104	23	2		5	1															145	0.9164
足利							1	14	109		6	1	1																149	1.0000
常陽								144				2	4																173	0.9489
関東								47			7	1	0																85	0.9825
武蔵野											88		1													1			90	1.0000
千葉												153	11	1															170	0.9568
千葉興業												73	0	0															71	1.0000
東京都民												2	73	0													1		78	0.9626
横浜											1	20	173																198	0.9176
第四	1												1		115														124	0.9503
北越													2		84														89	1.0000
山梨中央													13	1		78	0												91	0.9221
八十二													6	4	1	4	136									3		1	156	0.7353
北陸	20												8	1				90	35	22									186	1.0000
富山																		35	0										35	0.9535
北國																		8	113	4	1						2	2	127	0.9417
福井																		4	10	79			1				2	2	101	0.9385
静岡																					166		4						190	0.9754
スルガ													1	13							78							3	121	0.9816
清水													1	1							78		2						81	0.9790
大垣共立													1						0	0	0	88	46	4	1			2	142	0.9790

補正：福島県の銀行を合併
補正：埼玉県の銀行を合併
補正：石川県の銀行を合併
補正：石川県の銀行を合併
補正：神奈川県の銀行を合併
補正：愛知県の銀行を合併

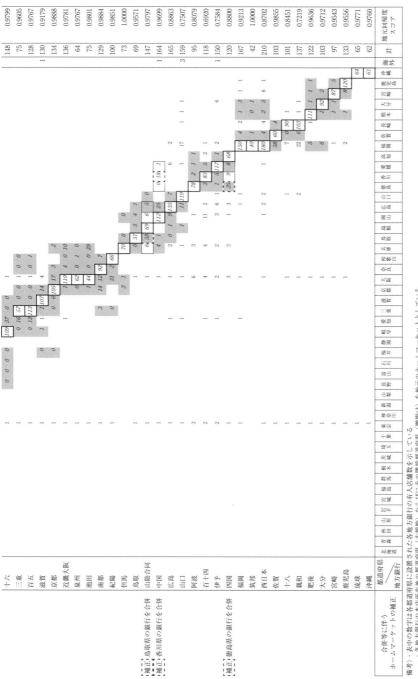

（備考）・表中の数字は各都道府県に設置された各地方銀行の有人店舗数を示している
　　　　・各地方銀行の本店所在地（太線枠）ならびにその隣接都道府県（網掛け）を地元のホームマーケットとしている
　　　　・各地方銀行がその設立前後に合併・吸収した統合前銀行の本店所在地（太点線枠）ならびにその隣接都道府県（単線枠）を地元ホームマーケットに加えている
　　　　・以上より、斜体の数字が地元ホームマーケットに設置された有人店舗数を示している

日本の地方銀行の組織デザイン化戦略にみる
環境適応行動

第1節　地方銀行の経営組織の環境適応

　情報通信技術の革新や業際規制緩和の進展は、日本の地方銀行の経営戦略の自由度を高めて顧客ニーズに即した多様な商品・サービスの提供を可能にした。特に、日本版金融ビッグバンによる抜本的な規制緩和の推進は地方銀行による証券や保険等の新規業務への進出を可能にし、業態の垣根を超えた幅広い金融商品のワンストップショッピングが進展している。また、近年の情報通信技術の急速な発展は、経済のグローバル化や消費者および企業の活動様式の変化と相俟って、FinTech（フィンテック）[1] の例にみられるように決済サービスの分野をはじめとする金融取引の構造的変化や新たなビジネスモデルの創出に向けた取り組みを促している。

　銀行業務は経営環境の変化に伴い「常に変遷し、複雑」（Freixas and Rochet 1997）であり、日本の地方銀行は自らの役割を果たすことを通じて地域の顧客から選ばれるために、インターネットバンキングなどの新たなチャネルの導入をはじめ、証券や保険などの新規業務に取り組んできた。情報通信技術や業際規制緩和の進展等に伴い、経営環境の不確実性が今後より一層拡大す

1　金融（finance）と技術（technology）を組み合わせた造語で、金融と情報通信技術の融合を通じてイノベーションを目指すベンチャー企業のことをいう。近年のブロックチェーンなどの新しい情報技術の登場は、将来的に金融機関のビジネスモデルを根本的に革新させる可能性があることが指摘されている。

ることが予想される中、地方銀行は自らの役割を果たし地域で生き残るため、それぞれの経営理念や経営方針に基づき持続的な環境適応を図っていかなければならない。

　地方銀行と協同組織金融機関の総称である地域金融機関の役割やビジネスモデルに関する先行研究として、日本では村本（1994、2004b、2005）や家森（2004）、滝川（2006b、2007）等が、また海外では Berger and Udell（1995）や Boot（2000）等米国を中心に多数の先行研究が存在する。さらに、情報通信技術の進展が日本の銀行に与える影響について分析した筒井（1988）や、米国の商業銀行への影響を考察した Brand and Duke（1982）、Prasad and Harker（1997）、Hunter and Lafkas（1998）、リレーションシップバンキングや経営戦略に与える影響に関する村本（2005）、金融自由化や業際規制緩和の問題等を論じた蝋山（1989、1998）、制度面の議論を整理した村本（2004b）、金融制度と組織の側面からポストバブルの金融システムを分析した藤原（2006）などの研究がある。

　一方、銀行の経営戦略等マクロの観点から理論的に分析したものとして、海外では Bryan（1988、1991）や Rogers（1992）等があるものの、日本では経営環境の変化に対する戦略適応に関する鹿児嶋（1992）や日米の大手銀行を組織の環境適応の観点から考察した久原（1997、2000）に限られる。元来、銀行業は国民経済のインフラストラクチャーであるため、金融当局主導の業際規制緩和の実施により業務範囲が決定されてきた。新規業務参入の認可といった経営の根幹にかかわる重大な経営環境の変化に対して、これまで日本の地方銀行は規制緩和を後追いする形で新規業務参入に関する経営戦略の策定や組織再構築などに取り組んできた。

　以上のような環境と組織との間の適合関係を組織の環境適応の問題として捉えた先行研究の事例として、Woodward（1958、1965）等を端緒として、Lawrence and Lorsch（1967）から Galbraith（1971、1972、1973、1977）へと発展した「組織の環境適応理論（contingency-theory）」がある。当該理論は最適

な組織構造は環境の状況に依存するといった命題を基に、①不確実性の観点から環境を概念化することで環境を把握する枠組みを構築するとともに（e.g., Duncan 1972）、②環境と組織を媒介する技術と組織構造の関連性の確認（Woodward 1965、Perrow 1967、Hickson, et al. 1969）や、③分化した各部門間の調整のための統合メカニズム等の組織過程の研究（Lawrence and Lorsch 1967）、④課業の不確実性への対処の問題に対する、情報処理システムの観点からの考察による組織デザイン化戦略の提示（Thompson 1967、Galbraith 1973）へと展開してきた。

　その一方で、環境という所与の状況要因に対していかなる組織構造が適合するのかといった環境決定論的な適合関係が重視されて、環境と組織との間に介在する戦略的選択の視点を欠くといった批判（e.g., Child 1977）から、①環境と組織を媒介する戦略に関する戦略論（e.g., Stopford and Wells 1972、Ansoff 1979）、②組織に合わせて環境を変える環境操作戦略についての組織間関係論（e.g., Evan 1966、Pfeffer and Salancik 1978）、③成熟した組織ではなく組織の生成に焦点を当てて考察する組織化理論（e.g., Weick 1969、1979、Hall 1981）、④組織内の異なる利害を有する人の政治的行動やパワーを対象としたパワー論（e.g., Pfeffer 1978）などの研究が蓄積されてきた。しかしながら、Galbraithのモデルは、ある時点での課業の不確実性と組織構造との間の適合状況を継時的に調べることで動態的な組織構造の変化を明らかにすることが可能である（岸田 2006）ことから、企業経営の根幹をなす業務範囲が当局主導の業際規制緩和によって決定される日本の地方銀行の組織再構築の分析にとって有用であると考える。

　そこで本章では、最初に、①先行研究を踏まえつつ日本の地方銀行が果たすべき役割について考察し、②外部経営環境の変化に伴い不確実性が高まる中で、地方銀行が自らの役割を果たすため、いかに組織の再構築に取り組み環境の変化に適応してきたのかについて、組織の環境適応理論のGalbraithのモデルを用いて環境と組織の適合関係に焦点を当てながら事例分析を行う。

特に、地方銀行の環境と組織構造との間に介在する適合関係を経営者の戦略の選択の問題に拡張して、①情報通信技術および業際規制緩和の進展といった地方銀行の経営環境と組織構造との間に適合関係が存在すること、②情報通信技術の活用および新規業務参入の目的に応じて Galbraith のモデルが提示した組織デザイン化のための具体的戦略が選択されることを、事例研究を通じて明らかにする。

第 2 節　先行研究にみる地方銀行の役割

1　地域金融機関の機能

　日本の地方銀行に関連する概念を初めて提示したものとして、金融制度調査会・金融制度第一委員会中間報告（1990）があげられる。金融の自由化や国際化が進展し、金融環境が大きく変化する中で、金融制度調査会を中心に新しい環境に即した日本の金融制度のあり方が検討されることとなり、特に中小企業や個人を対象とする地域金融に焦点を当てた当該報告書がまとめられた。

　報告書は、地方銀行と第二地方銀行協会加盟行の普通銀行および信用金庫、信用組合、労働金庫、農林系統金融機関の 4 つの業態からなる協同組織金融機関の総称であるとして、地域金融機関の概念を初めて整理し、「一定の地域を主たる営業基盤として、主として地域の住民、地元企業および地方公共団体等に対して金融サービスを提供する金融機関で、その地域を離れては営業が成り立たない、いわば地域と運命共同体的な関係にある金融機関や効率性、収益性をある程度犠牲にしても地域住民等のニーズに応ずる性格を有する金融機関」であると提示した。そのうえで、報告書は地域金融機関が「主に個人や零細中小企業を対象として、地域の住民等の種々の金融ニーズにきめ細かに対応するリテール中心の機能および地域開発プロジェクトに参画し

地域開発に貢献する機能」を有し、「地域の資金を地域に還元し、あるいは外部の資金を導入して地域に投入する役割」を果たしているとして、その活動を積極的に評価した。

村本（1994）はこのような地域金融機関の主な機能であるリテールバンキングについて「主に個人や零細中小企業を対象として小口の預貸業務等を行うもの」であり、Leland and Pyle（1977）や Diamond（1984、1991）等の情報理論に依拠した先行研究が論じた、「情報の不完全性・非対称性の下での金融仲介機関としての情報生産機能が真に発揮される分野である」と指摘している。さらに、村本（2004b）は地域金融機関の概念を制度論の観点から整理し、「地域との運命共同体的な関係」や「効率性や収益性をある程度犠牲にしても地域住民等のニーズに応ずる性格を有する」点は「地域密着といわれるような人縁や地縁といったノウハウによって支えられた機能である」と指摘しており、家森（2004）もまた、「地域金融機関は特定の地域と運命共同体的な関係に基づき中小零細企業や生活者、地方公共団体との取引を対象とする地域金融に特化している」と説明している。すなわち、日本の地方銀行は「人縁」や「地縁」などの地域社会との濃密な相互依存関係を構築しつつ、主な取引先である地元の個人、中小企業事業者等への金融サービスの提供や地域金融の円滑化を通じて、地場産業や地元商工業の発展を支えるといった地域に密着したリテール中心の機能を果たすことを主な役割としているのである。

2　リレーションシップバンキング

このような地域密着型金融[2]の機能については、金融審議会金融分科会第二部会の報告において初めて示された（金融審議会金融分科会第二部会報告 2003）。

2　金融庁は、平成15〜16年度の「リレーションシップバンキングの機能強化に関するアクションプログラム」に続き、平成17〜18年度の取り組みについては「地域密着型金融の機能強化の推進に関するアクションプログラム（平成17〜18年度）」と表現するなど、リレーションシップバンキングを「間柄重視の地域密着型金融」と呼んでいる（村本 2005）。したがって、本章ではリレーションシップバンキングと地域密着型金融を同義として取り扱う。

報告書は「リレーションシップバンキングにおいて、貸し手は長期的に継続する関係に基づき借り手の経営能力や事業の成長性など定量化が困難な信用情報を蓄積することが可能」であり、事業の成長性等を評価するうえで重要となる「ソフト情報の獲得」といったリレーションシップバンキングの本質的な機能を提示した。すなわち、リレーションシップバンキングは、貸し手と借り手との間の長期継続的な相対取引を通じて得られた取引先企業に関する財務諸表のようなハード情報に加えて、経営者の人柄や経営能力、知的資産、事業の成長性等の数量化されず外部からは入手しにくいソフト情報を活用した貸出を意味し、中小企業金融を典型とするものである。地域金融機関に求められる役割やその存在意義について論じた村本（2005）は、当該報告が「リレーションシップバンキングが地域金融機関のビジネスモデルであるとの理解を示しつつ、地域再生や企業再生を通じて地域経済の活性化を図るべく、地域金融機関のビジネスモデルであるリレーションシップバンキングの機能強化を目指す内容であった」として、「企業金融における金融機関の役割を理論的に解明した点で高く評価されている」と論じている。

　リレーションシップバンキングについては、Petersen and Rajan（1993）や Boot and Thakor（1994）、Berger and Udell（1995、2002）、Boot（2000）、Stein（2002）などの研究が米国を中心に数多く蓄積されており、以下の内容が論点となっている。すなわち、①銀行が借り手に関する私的情報を低コストで獲得できるようになるため、短期貸出の実行やモニタリングの実施に際してのコスト優位性を銀行にもたらす一方で、②企業が経営危機に直面した際に、銀行との貸出契約についての再交渉が容易である場合には、借り手企業は十分な経営努力を行わないといったモラルハザードの問題や、③リレーションシップ貸出が銀行に情報の独占をもたらし、高い金利や担保の徴求等の借り手にとって不利な条件での借入を強いるといった問題が存在すること、④リレーションシップの期間が貸出金利や担保徴求といった貸出条件や借入利用可能性に影響を及ぼすこと、⑤貸出市場における競争の拡大が長期のリ

レーションシップに基づく利益を損なうこと、⑥取引主体の交渉力が効率的な資源配分を損なうこと、⑦規模の小さな金融機関ほど現場の融資担当者が借り手やその関係者に近接してソフト情報を収集していること、⑧ソフト情報を与信審査業務に適切に活用するためには階層的組織よりも分権的組織が望ましいことなどである（第3章で詳述）。また、日本においても、中小企業金融におけるリレーションシップバンキングの有効性を検討した村本（2005）をはじめとし、その経済理論を体系的に整理した滝川（2007）や日本の実態の観点から考察した筒井・植村編（2007）などの先行研究がある。

　以上のような地域金融機関の定義や期待される役割、ビジネスモデルについては、金融庁の「金融モニタリング基本方針（平成26事務年度)」において確認することができる（金融庁 2014）。すなわち、地域金融機関は「中小企業や個人を主要な顧客基盤として特定の地域に密着した営業展開を行い、地域密着型金融をビジネスモデルとしており」、その役割は「地域の経済・産業の現状や課題を適切に認識・分析し、その結果を活用することによって様々なライフステージにある企業の事業内容や成長可能性等を適切に評価（「事業性評価」）したうえで解決策を検討・提案し、必要な支援等を行い地域経済の活性化に貢献していくこと」である。

第3節　研究の方法

1　事例分析の理論的枠組み：組織の環境適応理論

　情報通信技術や業際規制緩和などの経営環境は常に変化しており、地方銀行が自らの役割を果たすために組織が有効的[3]であり続けるためには、タス

3　Barnard（1938）は、ある行為が環境の変化に対応してある特定の望ましい組織目標を達成した場合、その行為を「有効的」であるとし、また目的の動機を満たし組織に対する貢献者の協働意欲を引き出す場合、その行為を「能率的」であるとしたうえで、組織が長期的に存続し続けるためには、「有効性」と「能率」の2つの要件が必要であることを指摘した。

クの活動状況や組織構造の不断の調整を通じて環境適応を図ることが必要である。なぜなら、組織を、課業を遂行する人々とそれらの人々の間の関係である「社会システム」と、課業の遂行に必要な道具や技法、知識である「技術システム」の両者の組織化された全体であると定義すると、組織はその有効性を高めて存続し続けるために、市場や技術などの外部環境との相互作用を通じて常にその構造を環境に適合させるオープンシステム[4]の側面を有しているからである。

このような環境と組織との間の適合関係を不確実性に対する組織の環境適応の問題として捉えて情報処理の観点から考察したものとしてGalbraith(1971、1972、1973、1977)がある。彼は、組織の目標を達成するために必要な情報量と、現実に組織が保有している情報量との間に格差が存在する場合、それは組織の目標の達成にとっての不確実性になると指摘した。もし、ある業務を遂行する前に当該業務内容を十分に理解している場合には業務遂行の結果起こる現象についてあらかじめ予測することができる。しかしながら、そうでない場合には業務遂行に際してより多くの知識が必要となるため、業務への精通度が低いほど予定の成果を達成するためにより多くの情報量を意思決定者の間で伝達することを余儀なくされるとともに、目的達成のために必要な情報を入手しながら意思決定を繰り返すことが必要となる。このように経営環境の変化に伴い意思決定や情報伝達の量が増加して組織に対する情報処理の負荷が増大すると、組織目標の達成にとっての不確実性が拡大するため、低コストで情報処理の負荷に対応できる柔軟な組織構造が必要になるのである[5]。

彼は不確実性に適応するための組織デザイン化戦略として、「規則と手続

---

4 Bertalanffy (1968) によれば、オープンシステムとは、元来、外部環境からエネルギーや情報をインプットしてそれを内部で転換した後、アウトプットを通じて環境に影響を与えるといった、生物を説明する概念である。この概念は、環境が変化すれば、その存続を維持するため、内部構造や過程を環境に適応させるといった環境とシステムとの間のインタラクティブな関係を重視する。

5 このような点で、彼がいう情報処理とは、人々が課業の遂行に必要な道具や技法、知識を活用しながら組織目標のために必要な情報量と現実に組織が保有している情報量との格差としての組織目標達成にとっての不確実性に対処することをいう。

図7-1　組織デザイン化戦略

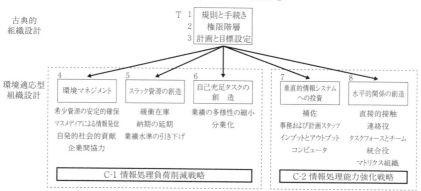

出典）Galbraith（1972、1973、1977）より作成

き」や「権限階層」「計画と目標設定」等の古典的戦略（T）に加えて、課業の不確実性がより一層増大する場合に有効な組織デザイン化戦略として、「組織に対する情報処理の負荷を削減する戦略（C-1）」と「組織自身が有する情報処理能力を強化する戦略（C-2）」を提示した（図7-1）。

　組織に対する情報処理の負荷を削減する戦略は、情報量の決定要因を削減することであり、業績の要求水準の低下や多様性の縮小、分業化が志向される。具体的には、組織間にスラック資源を生み出すことによる部門間調整の必要性の軽減、組織のタスクを複数の自己充足的なサブタスクに分割することによる組織活動間の相互依存関係の限定などの戦略からなり、その典型は事業部制組織である（図7-1のC-1）。

　また、組織自身が有する情報処理能力を強化する戦略は、公式の階層的な情報処理プロセスに投資するとともに、水平的な意思決定プロセスを導入することである。具体的には、経営情報システムを活用した組織階層間の垂直的な情報伝達経路の強化に加え、プロジェクトチームやマトリクス組織を活用した部門間の組織横断的な情報処理能力の強化等により水平的関係を強化する戦略からなる（図7-1のC-2）。特に、競合の激化等により新商品の導入や品揃え拡大の圧力が高まり、商品に関する情報伝達や意思決定の量が増大

するなど、課業の不確実性が極めて高い場合には、職能別か商品別かといったどちらか一方の選択ではなく、水平的な関係を通じた柔軟な組織構造、とりわけその最終的形態としてのマトリクス型の組織構造が有効であると、彼は指摘している。

2 事例分析の対象と手順

本章では日本経済の再生にとって不可欠である地方創生の主な担い手である地方銀行を事例分析の対象とする。なお、地方銀行各行のガバナンス構造への影響を排除する観点から、分析対象期間中に統合や合併を行った地方銀行および非上場（分析対象期間中のある時点においてのみ非上場である場合も含む）の地方銀行については分析対象から除外した。この結果、本章の分析対象銀行の数は、一般社団法人全国地方銀行協会加盟の地方銀行全64行中51行となった[6]。また、分析対象期間については情報通信技術および規制緩和が大きく進展した1980年代以降2000年代までとし、この間の日本の地方銀行の組織構造の継時的変化の様態を分析する。具体的には、1989年を起点として、1999年、2009年の各地方銀行の各年度の「ディスクロージャー誌」に記載された組織図を基本情報としつつ、その他の商品・サービスや各種コンサルティング活動などの経営活動全般に関する説明についても参考情報として捕足的に用いた。

銀行の組織構造に焦点を当てた先行研究としては久原（1997、2000）がある。彼は、1970年代までにおいては、日本の大手銀行の組織形態が機能別組織であったのに対して、1980年代に入ってからは、その多くが事業部制組織を導入したことから、それがバブル期の行き過ぎた収益第一主義や審査機能の弱体化を招いて貸付金の質の低下をもたらしたことを指摘しつつ、大手銀

---

6 分析対象全期間中において東京証券取引所一部に上場していない、みちのく銀行、東北銀行、荘内銀行、富山銀行、三重銀行、但馬銀行、鳥取銀行、筑邦銀行、および合併を行った、北都銀行、筑波銀行、近畿大阪銀行、池田泉州銀行、さらに新設の北九州銀行の計13行を分析対象外とした。

行の機能別および事業部制のそれぞれの組織構造を整理している。また、藤原（2006）も大手銀行の事業部制組織が審査部のチェック機能を弱め、不良債権を生じさせたとの仮説に基づき、本部組織における審査部の独立性と不良債権比率との関係について分析を行っている。

　これに対して本章では、Galbraith のモデルにおける、①組織に対する情報処理の負荷を削減する戦略と、②組織自身が有する情報処理能力を強化する戦略の双方の観点から、地方銀行各行の経営環境の変化に対する適応行動としての組織再構築の過程について、審査部等の特定の機能組織に限定せず、網羅的かつ継時的な本部組織構造の変化について分析を行う。具体的には、最初に、①久原（1997、2000）が日本の大手銀行の組織図について提示した機能別および事業部制の各組織構造モデルにならい、日本の地方銀行における 5 つの基本的業務機能である「営業」「審査」「管理」「事務・システム」「有価証券」の観点から地方銀行のモデル組織図を作成する。そのうえで、② Galbraith の組織デザイン化戦略の各目的（図 7-1 の C-1 および C-2）に照らし合わせながら、各組織が担う業務機能を自己完結的に遂行する独立した組織を捕捉し、地方銀行各行の動態的な組織構造の変化の様態を明らかにする（図 7-2）。

　なお、地方銀行各行の組織構造の認識に際しては、各行の組織図に共通して示されている組織階層構造上の最上位に位置づけられた「本部」および「部」あるいはそれに準じた「室」「センター」「所」を該当組織として捕捉するものとし、階層構造上当該組織よりも下位に位置づけられ、「部」内に包含されて一部門としての役割を担う「課」や「担当」「チーム」などのユニットは除外した。また、組織構造の継時的変化の分析に際して、その特徴を浮き彫りにしながら類型化するため、モデル組織図に基づき、企画部や人事部、総務部、検査部などの管理業務を担う本部組織については「管理部門」として一括りにしたうえで簡略記述した。さらに、地方銀行の関連会社については、本研究の主要テーマである業際規制緩和の観点から、本章の分

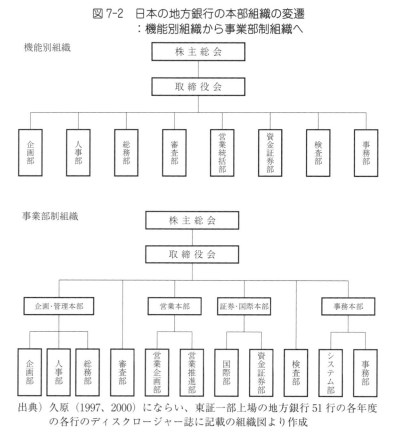

図 7-2　日本の地方銀行の本部組織の変遷
：機能別組織から事業部制組織へ

出典）久原（1997、2000）にならい、東証一部上場の地方銀行 51 行の各年度
の各行のディスクロージャー誌に記載の組織図より作成

析対象期間中に当局によって新たに設立が認可された証券子会社のみを分析
対象とした。

第 4 節　事例分析の結果：仮説検証

1　経営環境の変化の実態

1）情報通信技術の進展

日本の金融機関においては、1950 年代後半以降、高度成長期の大衆化路

線に伴い事務量が急増したため、機械化・効率化の必要性から単一目的によるバッチ処理を主な利用目的として、コンピュータが導入されるようになった。この時期の情報通信技術は、半導体技術の進歩に伴い集積回路 (IC：Integrated Circuit) が製造されるようになり、コンピュータの素子がトランジスタから IC の利用に移行した第 3 世代コンピュータおよびデータ伝送等の時代であった。1960 年代に金融業界でスタートした第 1 次オンラインシステムの開発においては、当該技術の活用により主に金融機関内の単科目の電算処理や銀行間オンライン CD の連携が実現した (金融情報システムセンター編 2015、折谷 1991)。

　その後、IC の高密度化によって LSI (Large Scale Integration) を用いた第 3.5 世代コンピュータが開発されたため、処理速度の大幅な高速化に加えて小型化も進展した。1970 年代後半からの第 2 次オンラインシステムでは、パケット通信等の通信技術の進化も相俟って、金融機関内の主要勘定の連動処理や金融機関相互のネットワーク化が取り組まれ、ATM の導入によって銀行間ネットワークの利用が大幅に拡大した (金融情報システムセンター編 2015)。

　また、科目別のファイル体系から顧客別体系への進化や、顧客データベースに基づく営業支援システムの開発、大蔵省の「機械化通達」に基づく顧客とのコンピュータ接続の実現によって、資金移動等の金融取引関連情報を通信回線経由でやりとりするエレクトロニックバンキングが開発されるようになった (金融情報システムセンター編 2015、浜田 1991、折谷 1991)。さらに、1990 年頃に始まる第 3 次オンラインシステムの開発においては、超 LSI (Very Large Scale Integration) を搭載した第 4 世代のコンピュータや ISDN (Integrated Services Digital Network：サービス総合デジタル網) の利用による事務処理の合理化に加え、業務分野の拡大に伴う新商品・サービスの提供や、収益・リスク管理などの新たな機能の拡張が実現された (金融情報システムセンター編 2015、折谷 1991)。

　さらに、それに続くポスト第 3 次オンラインシステムでは、次世代コンピ

ュータの開発により、小型コンピュータの処理速度や安定性がより一層向上
するとともに、インターネット等のネットワーク技術が進展したことを背景
として、インターネットバンキングなどの新たな顧客チャネルが開発された
（金融情報システムセンター編 2015）。近年の人工知能やブロックチェーン等の新
たな技術の登場は、金融業界への異業種からの参入を促し、既存のビジネス
モデルにはみられない新たな高付加価値サービスを創出する契機となってい
る。

2）業際規制緩和の進展

　従来の日本の金融行政においては、大口融資や店舗配置等の銀行業務にか
かわる規制が行われていたが、1970 年代後半からの国債の大量発行や日米
経済摩擦等に伴う市場開放要求、情報通信技術の急速な発展などを契機とし
て、金融自由化が進展することとなった。とりわけ、1990 年代に始まる業
際規制緩和の拡大は、業態の垣根を段階的に撤廃させることとなって地方銀
行の取扱商品・サービスを拡充させたのみならず、証券や保険などの新たな
業務分野への参入を可能にし、預金や貸出、為替取引を中心とした伝統的な
銀行業務からの脱皮を促した。具体的には、1980 年代半ばに銀行による公
共債の窓口販売やディーリングが可能となり、1993 年には銀行業、証券業、
信託業についての子会社形態による相互参入が認められるようになった。

　次いで、1990 年代後半にスタートした日本版金融ビッグバン[7]においては
抜本的な金融制度改革が実施され、銀行業、保険業、証券業の各分野への相
互参入が促進された。1998 年 12 月に銀行自身による投資信託の窓口販売が
解禁されたのに続いて、2001 年 4 月に損害保険商品の窓口販売が、また
2002 年 10 月には個人年金保険などの生命保険商品の窓口販売が解禁される

7　当時、実践的な金融自由化の観点から規制や制度の見直しの必要性について提唱していた蝋山は、
　　日本版金融ビッグバンの青写真の作成に参加した当時の各審議会の問題意識についてふれ、金融
　　制度調査会の問題意識が「規制緩和を通じて規模の経済や範囲の経済を追求し、金融機関を強化
　　することであった」と論じている（蝋山 1998）。

一方で、2000 年 2 月に銀行本体による信託業務の取り扱いが認められた（e.g., 西村 2011、細田 1998）。

　また、1998 年 3 月の金融持株会社の解禁は、持株会社傘下の銀行や証券、保険会社等の多角化されたそれぞれの子会社を金融グループとして一体的に運営することによって、グループ全体としての総合的な収益のさらなる拡大を目指すといった経営戦略上の新たな選択肢を日本の地方銀行にもたらすこととなった。

　金融制度改革についてリテールバンキングの観点から分析した村本（1994）は、金融自由化が競争促進的状況を誘発し競争の激化とリスクの増大をもたらし、金融機関が多角経営に取り組むことによって範囲の経済[8]を追求することが必要になることから、業務規制の撤廃・緩和等の金融制度改革は当然の帰結であると論じている。これまで銀行業における範囲の経済や規模の経済については多くの研究が行われており、粕谷（1986）が日本の都市銀行ならびに地方銀行における複数財生産による範囲の経済を確認している。

　以上のような業際規制緩和の進展は、従来地方銀行が取り扱うことのできなかった業務への参入による経営の多角化を通じてより一層の収益の向上を目指す機会をもたらした。しかしながら、従来経験のなかった未知の業務への参入は、新規業務を円滑に遂行するうえで必要となるスキルを有した人材やシステム、業務運営のためのノウハウなどの確保といった新たな経営課題を生み出すこととなった。

2　経営環境の変化への対応の実態

1）情報通信技術の活用

　地方銀行は進化する情報通信技術の活用を通じて、1980 年代以降、営業

8　広田・筒井（1992）はわが国の銀行の資金仲介における①貸出、②預金、③有価証券投資の 3 つの業務を取り上げて、それらの間に範囲の経済が存在するかについて検証し、兼業することによって、費用節約のみならず収益増加といった形でも利益をもたらすことを指摘している。

店の後方事務を事務センターに集中化し、店舗内事務をスリム化しつつ店舗を営業拠点機能に特化させた（表7-1）。その一方で、現金の入出金や振り込み、残高照会などの画一的な商品・サービスの提供については、1970年代にCDやATMを導入し、その後は1980年代のコールセンターや1990年代のテレフォンバンキング、さらに1990年代後半からはインターネットバンキングなどの多様なチャネルを開発することによって、顧客利便性の向上を図りつつコストの削減を実現した。例えば、スルガ銀行は1999年に国内銀行初のオンライン専業支店として「ドリームダイレクト支店」を開設し、顧客が場所と時間を問わずに現金の入出金や振り込み、残高照会などの基本的な銀行サービスを利用できるダイレクトチャネルを導入したが（スルガ銀行ホームページ）、このような取り組みは、2000年代に入ってから全国の地方銀行に拡大した。

　情報通信技術の進展が日本の銀行業に与える影響について考察した筒井（1988）が、①決済関連業務を中心に情報通信技術が導入されていること、②労働節約的な技術が導入されていることを論じるとともに、粕谷（1989、1993）や大森・中島（1999）も技術進歩に伴う決済関連業務の機械化・オンラインネットワーク化等が費用逓減的な規模の経済効果を有する点を指摘しており、日本の地方銀行が情報通信技術を活用するねらいや実態と整合的である。

　加えて、日本の地方銀行は、全ての営業店が様々な属性を有する顧客に対して画一的にフルバンキング業務を行うことに伴う非効率性を改善しつつ営業機能を強化するため、各店舗が立地する市場や顧客特性に応じたきめ細かな顧客ニーズへの対応が可能な店質別の営業体制を再構築した。具体的には、個人向けローンの自動審査システムや中小企業向け貸出等に際しての融資稟議・審査支援システム、不動産担保評価・管理システム等の業務支援系のシステムの導入を背景として、個人金融部門を担当する店舗と法人金融部門を担当する店舗に役割を分離した「機能別の営業体制」を再構築した。例えば、

表 7-1　地方銀行の組織再構築の様態

銀 行 名	1989 年 ①	②	③	④	⑤	⑥	⑦	1999 年 ①	②	③	④	⑤	⑥	⑦	2009 年 ①	②	③	④	⑤	⑥	⑦
北海道銀行																					
青森銀行																					
岩手銀行																					
七十七銀行																					
秋田銀行																					
山形銀行																					
東邦銀行																					
常陽銀行																					
足利銀行																					
群馬銀行																					
武蔵野銀行																					
千葉銀行																					
千葉興業銀行																					
東京都民銀行																					
横浜銀行																					
第四銀行																					
北越銀行																					
山梨中央銀行																					
八十二銀行																					
北陸銀行																					
北國銀行																					
福井銀行																					
大垣共立銀行																					
十六銀行																					
静岡銀行																					
スルガ銀行																					
清水銀行																					
百五銀行																					
滋賀銀行																					
京都銀行																					
南都銀行																					
紀陽銀行																					
山陰合同銀行																					
中国銀行																					
広島銀行																					
山口銀行																					
阿波銀行																					
百十四銀行																					
伊予銀行																					
四国銀行																					
福岡銀行																					
西日本シティ銀行																					
佐賀銀行																					
十八銀行																					
親和銀行																					
肥後銀行																					
大分銀行																					
宮崎銀行																					
鹿児島銀行																					
琉球銀行																					
沖縄銀行																					
該当銀行数　a	49	31	7	22	6			40	34	12	15	9			40	32	18	15	19	24	10
分析対象銀行数　b	51	51	51	51	51	51	51	51	51	51	51	51	51	51	51	51	51	51	51	51	51
a/b (%)	96	61	14	43	12			78	67	24	29	18			78	63	35	29	37	47	20

備考）網掛けは、①事務集中部門、②個人ローン部門、③法人・個人営業部門、④事業部制、⑤地区・ブロック、⑥システム共同化、⑦証券子会社の各組織に該当することを表す

出典）分析対象期間中に統合や合併を行っていない証券取引所上場地方銀行 51 行の各年度の各行のディスクロージャー誌に記載されている組織図より作成

1980年代末には初期の機能別組織形態として、全国の地方銀行が住宅ローンなどの個人金融業務を専門に取り扱うローンセンターや個人金融部等を、営業推進部や融資部などの組織から独立させている（表7-1）。

　また、大手地方銀行を中心に、個人向けの資産形成アドバイス業務や、法人取引先の経営課題の解決に向けた各種コンサルティング営業など、顧客属性に応じたよりきめ細かい営業を展開することを目的として、1990年代から2000年代初頭において従来の営業関連組織を法人向けの営業担当と個人向けの営業担当の各組織に分割し分業化を図る取り組みが相次いだ（表7-1）。例えば、横浜銀行は従来のフルバンキング店舗に加えて、主に個人向け営業に特化した小規模店舗を設ける[9]一方で、中小企業向け営業に特化したビジネスローンプラザなどの特化型店舗を設置した（横浜銀行 2011）。

　以上のようなコスト削減や事務効率化を目指した事務処理のセンター集中化や多様なチャネルの導入は、特定業務への特化を通じて分業化を図ることで業務内容の多様性を縮小しており、組織に対する情報処理の負荷を削減する戦略（図7-1のC-1）であると捉えることができる。また、営業組織を法人および個人に特化させた機能別組織の再構築は、営業組織を顧客の特性に応じて法人営業および個人営業の各々の業務機能に特化させて分業化を図り、複数の自己充足的なサブタスクに分割することによって組織活動間の相互依存関係を限定しており、組織に対する情報処理の負荷を削減する戦略（図7-1のC-2）である。

　一方、2000年代に入ると、肥大化する勘定系や情報系システムの運用・開発コストの削減と運用・開発力の強化を目的として、複数の地方銀行が共同でシステムベンダーと合弁会社を設立したうえで基幹系の共同版システムを構築する動きが相次いだ（表7-1）。このようなシステム共同化の事例として、システムのアウトソーシング先を日本IBMとして八十二銀行等が参加する「じ

9　横浜銀行は、新形態の個人向けの機能特化型店舗として、100平方メートル規模で、人員4~6人程度の「ミニ店舗」を2001年より設置し、投資型商品の資産運用サポートを充実させている。

ゅうだん会共同版システム」（2002 年 3 月共同システム稼働）や、NTT データ陣営で京都銀行等が参加する「NTT データ地銀共同センター」（2004 年 1 月共同システム稼働）等がある[10]。これらの取り組みは、システムの共同運営を通じて銀行とシステム会社との間の組織横断的な連携体制の構築に基づく、互いが有するシステム開発・運営に関する専門的ノウハウの共有によって、銀行自前でのシステム運営コストを削減しつつ、高度な専門性の確保を目指すものであり、組織の情報処理能力を強化する戦略である（図 7-1 の C-2）。

　折谷（1991）は、情報通信技術の金融業への応用の過程について、①労働集約的な事務処理の機械化によるコスト削減、②取引コストの削減や金融技術の発展による業務領域の拡大、③リスクや収益管理等の経営判断業務への応用といった 3 段階で整理したうえで、金融業務の様々な分野において情報通信技術が活用されて金融の装置産業化が進展するのに伴い、情報システム戦略に加えて、規模や業務領域の拡大戦略がより一層重要性を増すことを指摘している。

　2）新規業務への参入

　1980 年代以前の護送船団方式の金融行政の時代においては、金利体系や業務範囲が業態別に規制されて地方銀行を取り巻く経営環境の不透明性は比較的小さかった。そのため、銀行が有する全ての営業店においては、預金や貸出金、為替業務等の比較的限られた全ての業務がフルバンキング型の有人対応によって自己完結的に遂行されていた。また、本部組織も地方銀行の基本的業務である「営業」「審査」「管理」「事務・システム」「有価証券」といった各部門がそれぞれの役割を果たす「機能別組織」であった（図 7-2）。

10　NTT データは、2022 年 11 月 18 日、横浜銀行や京都銀行など全国各地の約 40 の地方銀行が用いる基幹システムについて、2028 年度以降、クラウド技術を用いた新たなシステムに段階的に移行する方針である旨発表した。この新システム「統合バンキングクラウド」が実現すると全地方銀行のおよそ 4 割が共通の軽量システムで繋がることとなる（『日本経済新聞』2022 年 11 月 18 日）。

　その後、1980年代の金融当局主導による金融自由化や1990年代の業際規制緩和が進展するのに伴い、新規業務への参入が可能となって商品・サービスの内容が拡充する一方で、異業種からの参入も活発化し、日本の地方銀行を取り巻く経営環境は不透明性を拡大させることとなった。例えば、1980年代に始まる公共債のディーリングや1990年代末以降の投資信託や生命・損害保険、外貨預金などの投資型リスク商品の窓口販売などの新規業務は、必要となる戦力やノウハウが従来の銀行業務とは異なるため、各々の地方銀行は新規業務に対応し得る専門能力を擁した法人および個人向けの各機能に特化した機能別組織の導入や、営業部門を中心とする事業部制組織への組織の再構築に取り組んだ。

　さらに、2000年代に入ってからは、競合激化や規制緩和に伴う不確実性の拡大に加え金融庁のリレバン行政も相俟って、全国の地方銀行はより一層の地域密着型金融の推進に向けて地域別の営業体制を整備した。例えば、横浜銀行や百十四銀行、滋賀銀行などは、地場産業の集積度合いや地域の産業構造あるいは地域住民の年齢構成等各地域の市場特性に応じたよりきめ細かな営業活動を展開するため、営業地盤を複数のブロックに編成したうえで各ブロック長に一定の融資権限や人事権を付与し、法人および個人向けに特化した機能別の組織と地域別の組織からなる顧客ニーズに機動的に即応可能なマトリクス組織を構築した（表7-1）。以上のような機能別と地域ブロック別の組織から構成されるマトリクス組織は、商品・サービスに関する情報伝達や意思決定の量が増大するなど、課業の不確実性が極めて高い場合に有効であるとGalbraithが指摘した水平的な関係を通じた柔軟な組織構造であり、組織の情報処理能力を強化する戦略である（図7-1のC-2）。

　また、大手地方銀行の間で証券子会社を設立する動きが相次ぎ、銀証連携による営業シナジーの追求が図られるようになった（表7-1）。例えば、静岡銀行は2000年12月に東京三菱銀行（現在の三菱UFJ銀行）等と共同出資のうえ「静銀ティーエム証券」を設立し、全ての店舗を静岡銀行との共同店舗と

して運営を行い、静岡銀行の店舗を証券仲介窓口として金融のワンストップサービスの提供に取り組んだ。この他、八十二銀行（地方銀行では初めて 2006年 4 月に地場証券のアルプス証券を完全子会社化し、翌年 9 月に八十二証券に社名変更）や千葉銀行（ちばぎん証券〔旧中央証券〕を 2011 年 10 月に完全子会社化）、福岡銀行（ふくおか証券〔旧前田証券〕を 2012 年 4 月に完全子会社化した後、2018 年 5 月に FFG 証券に商号変更）などもグループの証券子会社と連携して銀行業務と証券業務を店舗内の同一フロアで行うワンストップショッピング型の共同店舗の運営に取り組んだ。

　さらに、2007 年には日本の地方銀行が証券会社と共同出資のうえ証券子

図 7-3　地方銀行の組織構造の継時的変化の類型 (1)

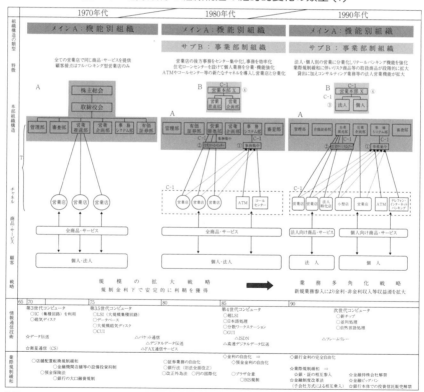

備考）記号 T および C-1 は、図 7-1 の組織デザイン化戦略を、また①、②、③、④は表 7-1 の再構築された新たな組織を指す
出典）組織構造については地方銀行各行のディスクロージャー誌を基に、また経営環境については文中の各出典より作成

図 7-4　地方銀行の組織構造の継時的変化の類型（2）

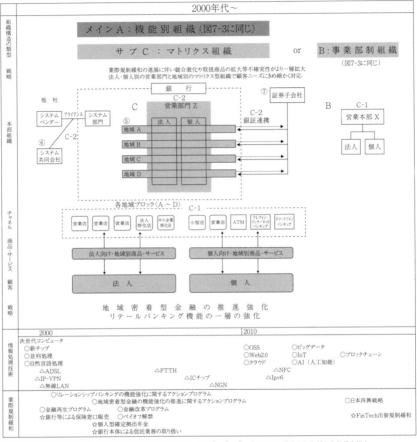

備考）記号 C-1 および C-2 は、図 7-1 の組織デザイン化戦略を、また⑤、⑥、⑦は表 7-1 の再構築された新たな組織を指す
出典）組織構造については地方銀行各行のディスクロージャー誌を基に、また経営環境については文中の各出典より作成

　会社を設立した初めてのケースとして、山口フィナンシャルグループが東海
東京証券と提携してワイエム証券を設立した。その後、同様の形態により
2008 年に設立された浜銀 TT 証券（横浜銀行と東海東京証券との合弁）や、2010
年の西日本シティ TT 証券（西日本シティ銀行と東海東京証券との合弁）などのケ
ースにおいては、人材教育や商品の品揃え、証券システムや事務処理等のバ
ックオフィス業務などの分野で双方の親会社が有する経営資源の有効活用を

図り、業務運営上のシナジー効果の追求が図られている。このようなシナジー効果の追求を目指した銀証連携の事例は、銀行と証券子会社との間の水平的関係を創造することによって互いの経営資源の有効活用を図り、単体ではなし得ない経営のシナジー効果の実現が目指されており、組織の情報処理能力を強化する戦略である（図 7-1 の C-2）。

　以上のような日本の地方銀行による経営環境の変化に対する適応行動としての組織再構築の取り組みを表 7-1 に基づき類型化すると、久原（1997、2000）や藤原（2006）が日本の大手銀行の組織構造について、1970 年代までの機能別組織から、1980 年代以降その大部分が事業部制組織に移行したことを指摘しているのに対し、地方銀行においては、① 1980 年代以降も過半数の地方銀行で機能別組織が堅持されてきた一方で、② 1980 年代に入ってからは半数弱の地方銀行で事業部制組織が採用され、機能別組織に次ぐサブ組織となったこと、③ 2000 年代には地域密着型金融に注力する多くの地方銀行でマトリクス組織が導入されたといった組織構造の動態的変化の特徴を確認することができる（図 7-3 および図 7-4）。

第 5 節　考察：組織デザイン化戦略の特徴

　本章において、日本の地方銀行の経営環境と組織構造との間に介在する適合関係を経営者の戦略の選択の問題に拡張し、①情報通信技術および業際規制緩和の進展といった地方銀行の経営環境と組織構造との間に適合関係が存在すること、②情報通信技術の活用や新規業務参入の目的に応じて Galbraith のモデルが提示した組織デザイン化のための具体的戦略が選択されてきたことを確認した。先行研究が、日本の大手銀行の大部分が 1980 年代以降に機能的組織から事業部制組織に移行したことを指摘しているのに対して、本研究では、日本の地方銀行は機能別組織をメイン組織として堅持しており、それに次ぐサブ組織として、一部の地方銀行が経営環境の不確実性が拡大す

表7-2　日本の地方銀行の組織デザイン化戦略の特徴

経営環境	環境適応のための取組事例		組織デザイン化戦略の目的
情報通信技術の活用	事務処理のセンター集中化	スケールメリット追求・コスト削減	事務集中センターと営業店の分業化：情報処理負荷の削減
	顧客チャネルの多様化・効率化	顧客利便性の向上とコスト削減	
	法人・個人等市場特化型営業	リテールバンキング機能の強化	法人営業と個人営業の分業化：情報処理能力の強化
	アライアンスを通じたシステム共同化運営	銀行1行当たりのシステム運用負担の削減と専門能力の強化	銀行システム部門とシステム会社との水平的関係の強化によるシステム共同運営：情報処理能力の強化
業際規制緩和	公共債ディーリング	新規業務への参入による業務の多角化	有価証券部門の分業化：情報処理能力の削減
	投資信託の窓口販売		営業部門の分業化：情報処理負荷の削減
	生命・損害保険の窓口販売		
	信託業務取り扱い		
	銀行と証券子会社の連携によるワンストップサービスの提供	営業シナジーの追求	銀行営業部門と証券子会社との水平的関係の強化による証券関連業務の共同運営：情報処理能力の強化
リレバン行政	地域密着型金融の推進	地域ブロック別の営業推進	地域に密着した地域ブロック別と機能別の各組織の組み合わせのマトリクス型組織によるきめ細かな営業：情報処理能力の強化

　るのに従って、機能別組織から事業部制組織に移行した後、2000年代に入って、課業の不確実性が極めて高い場合に有効であるとGalbraithが指摘した、水平的な関係を通じた柔軟な組織構造、とりわけその最終的形態としてのマトリクス組織へと段階的に組織構造を再構築してきたことを確認した。

　加えて、環境という所与の状況要因に対していかなる組織構造が適合するのかといった環境決定論的な適合関係が重視されて環境と組織との間に介在する戦略的選択の視点を欠くといった当該理論に対する批判が存在することに関して、経営環境と組織構造との適合関係に介在する戦略の選択の問題をも考察の対象に加えることで、経営環境の変化への適応行動としての経営者による戦略の選択と戦略目的の実現のための組織再構築との関係を明らかに

した（表7-2）。

　具体的には、地方銀行は分業化を通じて情報処理の負荷を削減することを目的として機能別組織を構築し、①事務処理のセンター集中化や、②顧客チャネルの多様化、③法人部門や個人部門などの特性の異なる市場ごとに特化した営業組織の構築に取り組むとともに、④情報システムの肥大化に際しては、水平的関係の強化を通じて情報処理能力を強化することをねらいとして、システムベンダーとのアライアンスによるシステム運営の効率化・専門化に取り組んできた。また、業際規制緩和に伴い新たに取り扱いが可能となった証券業務や保険業務等への参入に際しても、営業部門の分業化を通じて既存組織に対する情報処理の負荷を削減しつつ高度な専門性を確保するため、自己充足型組織を機能別の組織に再編し、⑤公共債ディーリングへの参入や、⑥投資信託や生命・損害保険の窓口販売、⑦信託業務の取り扱いを開始するとともに、組織の水平的関係の強化を通じて情報処理能力の強化を図り、⑧証券子会社の設立と銀証連携による金融のワンストップサービスの提供に取り組んできた。

　地方銀行は情報通信技術を重要な経営基盤とする装置産業であり、情報処理を通じてその主な機能である金融仲介を果たす、国民経済の基盤たる金融仲介機能や決裁機能を担う社会基盤としてのインフラストラクチャーである。それゆえ、金融システムの安定化等の観点から、地方銀行の経営戦略や企業活動の根幹である業務範囲そのものが金融当局主導による業際規制緩和により決定されてきた。組織内部の異なる利害を有する人々の政治的行動やパワーに比べて、情報通信技術や業際規制緩和などといった外部の経営環境の方が、地方銀行の経営に対してより大きな影響を与えてきたことから、日本の地方銀行の経営環境と組織構造との間の適合関係を明らかにするうえで、組織の環境適応理論のGalbraithのモデルが、日本の地方銀行の経営の実態により即した有効な分析ツールとなり得たものと考えられる。

第6節　さらなる地域社会との共存共栄のために

　本章では、情報通信技術および業際規制緩和の進展を経営環境の変化として捉え、組織の環境適応の理論的枠組みを用いて日本の地方銀行の経営戦略と組織再構築の取り組みについての事例分析を行った。その結果、地方銀行が自らの役割を果たしつつ地域で生き残るため、経営環境の変化に伴い拡大する不確実性に対処すべく、情報処理負荷の削減と情報処理能力の強化を目的とした組織デザイン化戦略に取り組んできたことを確認した。

　日本は成熟化社会に移行して久しく、とりわけバブル崩壊後においては地場産業の新陳代謝もままならず、地域社会は少子高齢化や地場産業の生産性の低迷などの構造的課題に直面している[11]。知的情報資産や先進技術がハブとなって新たな価値を生み出し、ヒト・モノ・カネ・情報を循環させる"情報化社会"が地球規模で急速に進展する中、地域社会が持続可能な形で発展していくためには、社会構造の変化や技術革新に即応しながら彩と潤いのある豊かな個性を次世代へ継承していくためのより一層の創意工夫が必要となっている。

　近年の FinTech の例にみられるような急速な情報通信技術の発展に伴う金融取引の構造的変化は国内外の同業ならびに異業種からの参入と相俟って、金融関連ビジネスを取り巻く競合状況を激化させている。長らく続く低金利

11　これまで、日本政府は『日本再興戦略』の例にみられるように、「地方経済の活性化なくして日本経済の成長もない」との基本認識の下、地方創生を重要な政策課題として位置づけてきた。とりわけ、地域における多彩な情報や人材を有し、地方創生の主要な担い手である地域金融機関に対しては、中堅・中小企業等の収益力向上や事業再編等の積極的な経営支援を通じて地域経済の活性化に貢献することをその役割として期待してきた（内閣官房日本経済再生総合事務局　2015）。「新しい資本主義」の実現に向けた取り組みにおいても、成長戦略を通じて生産性を向上させ、その果実を働く人に賃金の形で分配することにより「成長と分配の好循環」を実現するとして、「地方を活性化し、世界とつながる『デジタル田園都市国家構想』の起動」を成長戦略の１つの柱として掲げ、とりわけ地域金融機関に対しては、2021年に施行された改正銀行法に基づき子会社を設立するなどして、地域の中小企業の DX を支援する業務を展開していくことが具体策の１つとして提言された（内閣官房新しい資本主義実現本部事務局　2021）。

環境下で銀行の資金利鞘は持続的に低下しており、日本の地方銀行が地域社会の振興といった自らの役割を果たしながらその存在意義を持続的に確保するためには、地域社会が抱える課題の解決に資するような新たな商品・サービスの創造と、銀行業務とのシナジー効果が期待される業態横断的な多様なビジネスラインの拡充によって、グループ全体の収益力を強化することが必要になっているものと考えられる。

　2015 年 5 月、金融審議会の諮問により「金融グループを巡る制度のあり方に関するワーキング・グループ」が発足し、内外の経営環境の変化に対応した柔軟な業務展開が可能となる金融グループの業務範囲や経営管理のあり方、持株会社の役割などについて検討が行われた（金融審議会 2015b）。その後、2020 年 12 月に公表された「金融審議会　銀行制度等ワーキング・グループ報告—経済を力強く支える金融機能の確立に向けて—」の内容を踏まえ、金融庁は 2021 年 11 月、ポストコロナの日本経済の回復・再生を支える要としての重要な役割を銀行等が果たすための取り組みを後押しする観点等から、業務範囲規制や出資規制などを見直し、「改正銀行法」を施行した。

　これによって、①銀行本体で、銀行業の経営資源を主に活用しながら地方創生やデジタル化などの持続可能な社会の構築に資する業務を営むことが可能になるとともに、②銀行の子会社・兄弟会社（銀行業高度化等会社[12]）には、従来の FinTech 企業に加えて地方創生などに資する業務を営む会社が新たに追加されることとなった。また、銀行等が出資等を通じて企業の経営改善強化を図るための出資可能範囲や期間の拡充、さらには非上場の地域活性化

12　銀行等による FinTech 関連企業等への出資・買収を容易にする観点から、2016 年の銀行法改正により、「情報通信技術その他の技術を活用した当該銀行の営む銀行業の高度化若しくは当該銀行の利用者の利便の向上に資する業務又はこれらに資すると見込まれる業務を営む会社」として銀行等の子会社類型として導入された。さらに、2021 年の銀行法改正では、「情報通信技術その他の技術を活用した当該銀行の営む銀行業の高度化若しくは当該銀行の利用者の利便の向上に資する業務若しくは地域の活性化、産業の生産性の向上その他の持続可能な社会の構築に資する業務又はこれらに資すると見込まれる業務を営む会社」に改正され、新しく「地域の活性化、産業の生産性の向上その他の持続可能な社会の構築に資する業務又はこれらに資すると見込まれる業務」が追加された（銀行法第 16 条の 2 第 1 項第 15 号、第 52 条の 23 第 1 項第 14 号）。

事業会社への 100％出資も可能となった。

　日本の地方銀行は地域社会が直面する課題の解決に向けて、自らイノベーションを起こすことによって環境に働きかけ、新たな価値創造を実現することがより一層重要になっている。

参 考 文 献

〔日本語〕

明石照男・鈴木憲久（1957）『日本金融史』第 1 巻、明治編、東洋経済新報社。

新たな経済対策に関する政府・与党会議、経済対策閣僚会議合同会議（2008）「生活対策」。

アラン・シャンド著；大蔵省（訳）編（1873）『銀行簿記精法』大蔵省。

──（1877）『銀行大意』大蔵省。

伊丹正博（1959）「第五国立銀行の史的研究─士族銀行の特殊型として─」『九州大学経済学会　経済学研究』第 25 巻第 2 号。

伊予銀行五十年史編纂委員会編（1992）『伊予銀行五十年史』伊予銀行。

大蔵省（1997）「金融システム改革のプラン─改革の早期実現に向けて─」。

大蔵省内明治財政史編纂会編（1939）『明治財政史』第 13 巻、明治財政発行所。

大友篤（1997）『地域分析入門』（改訂版）東洋経済新報社。

鴻常夫・北沢正啓編（1998）『英米商事法辞典』（新版）商事法務研究会。

大村敬一・楠美将彦・水上慎士・塩貝久美子（2002）「倒産企業の財務特性と金融機関の貸出行動」内閣府、Discussion Paper 02-5。

大森徹・中島隆信（1999）「日本の銀行業における全要素生産性と仲介・決済サービス」『IMES Discussion Paper』99-J-20、日本銀行金融研究所。

折谷吉治（1991）「情報通信技術と金融」『金融研究』第 10 巻第 3 号、pp.115-155。

鹿児嶋治利（1992）『銀行経営論』中央経済社。

粕谷宗久（1986）「Economies of Scope の理論と銀行業への適用」『金融研究』第 5 巻第 3 号、pp.49-79。

──（1989）「銀行業のコスト構造の実証分析」『金融研究』第 8 巻第 2 号、pp.79-118。

──（1993）『日本の金融機関経営』東洋経済新報社。

企業会計基準委員会（2008a）「実務対応報告第 25 号『金融資産の時価の算定に関する実務上の取扱い』」。

──（2008b）「実務対応報告第 26 号『債券の保有目的区分の変更に関する当面の取扱い』」。

企業会計審議会（1997）「連結財務諸表制度の見直しに関する意見書」。

──（1998a）「退職給付に係る会計基準の設定に関する意見書」。

——(1998b)「税効果会計に係る会計基準の設定に関する意見書」。

——(1999)「金融商品に係る会計基準の設定に関する意見書」。

岸田民樹（2006）『経営組織と環境適応』白桃書房。

九州大学経済学部経済史研究室内九州近代史料刊行会編（1964）『第十七国立銀行史料』九州近代史料叢書第7輯、上巻、九州近代史料刊行会。

金融情報システムセンター編（2015）『金融情報システム白書（平成28年版）』財経詳報社。

金融審議会（2015a）「決済業務等の高度化に関するスタディ・グループ中間整理」。

——（2015b）「金融グループを巡る制度のあり方に関するワーキング・グループ報告」。

——（2020）「銀行制度等ワーキング・グループ報告——経済を力強く支える金融機能の確立に向けて——」。

金融審議会金融分科会第二部会報告（2003）「リレーションシップバンキングの機能強化に向けて」。

——（2005）「『リレーションシップバンキングの機能強化に関するアクションプログラム』の実績等の評価等に関する議論の整理（座長メモ）」。

金融審議会答申（2002）「中期的に展望した我が国金融システムの将来ビジョン」。

金融制度調査会・金融機能活性化委員会（1996）「金融機能活性化委員会のこれまでの議論の整理と今後検討すべき事項について」。

金融制度調査会・金融制度第一委員会中間報告（1990）「地域金融のあり方について」。

金融制度調査会答申（1997）「我が国金融システムの改革について——活力ある国民経済への貢献——」。

金融庁（2002a）『金融検査マニュアル別冊〔中小企業融資編〕』。

——（2002b）「地域金融機関を中心とした合併等を促進する施策について」。

——（2002c）「金融機関の合併等促進策について」。

——（2002d）「金融再生プログラム——主要行の不良債権問題解決を通じた経済再生——」。

——（2002e）「『金融再生プログラム』作業工程表」。

——（2003a）「リレーションシップバンキングの機能強化に関するアクションプログラム——中小・地域金融機関の不良債権問題の解決に向けた中小企業金融の再生と持続可能性（サステナビリティー）の確保——」。

——（2003b）「公的資金による資本増強行（主要行）に対するガバナンスの強化について——経営健全化計画未達に係る監督上の措置の厳格化及び転換権行使条

件の明確化―」。

――(2003c)「公的資金による資本増強行（地域銀行等）に対するガバナンスの強化について」。

――(2004a)『金融検査マニュアル別冊〔中小企業融資編〕』。

――(2004b)「中小・地域金融機関向けの総合的な監督指針」。

――(2004c)「金融改革プログラム―金融サービス立国への挑戦―」。

――(2005a)「金融改革プログラム工程表」。

――(2005b)「『リレーションシップバンキングの機能強化に関するアクションプログラム』に基づく取組み実績と総合的な評価について」。

――(2005c)「地域密着型金融の機能強化の推進に関するアクションプログラム（平成17〜18年度）」。

――(2006a)「主要行等向けの総合的な監督指針」。

――(2006b)「中小・地域金融機関向けの総合的な監督指針」。

――(2007)「地域密着型金融（平成15〜18年度第2次アクションプログラム終了時まで）の進捗状況について」。

――(2008a)「地域密着型金融に関する取組み事例集―平成19年度地域密着型金融シンポジウムにおける発表事例を中心に―の公表について」。

――(2008b)「平成19年度における地域密着型金融の取組み状況について」。

――(2008c)『金融検査マニュアル別冊〔中小企業融資編〕』。

――(2008d)「銀行等の自己資本比率規制の一部弾力化について」。

――(2009a)「平成21事務年度　主要行等向け監督方針」。

――(2009b)「平成21事務年度　中小・地域金融機関向け監督方針」。

――(2009c)「平成20年度における地域密着型金融の取組み状況について」。

――(2009d)「中小企業者等に対する金融の円滑化を図るための臨時措置に関する法律に基づく金融監督に関する指針」。

――(2009e)「主要行等向けの総合的な監督指針」。

――(2009f)「中小・地域金融機関向けの総合的な監督指針」。

――(2009g)『金融検査マニュアル』。

――(2009h)『金融検査マニュアル別冊〔中小企業融資編〕』。

――(2010a)「地域密着型金融に関する取組み事例集の公表について」。

――(2010b)「中央銀行総裁・銀行監督当局長官グループによるプレス・リリース『中央銀行総裁・銀行監督当局長官グループがより高い国際的な最低自己資本基準を発表』の公表について」。

――(2010c)「バーゼル銀行監督委員会によるバーゼルⅢテキスト及び定量的影

響度調査の結果の公表について」。

──(2014)「金融モニタリング基本方針（平成26事務年度）」。

金融庁・日本銀行（2011）「バーゼル銀行監督委員会によるバーゼルⅢテキストの公表等について」。

久原正治（1997）『銀行経営の革新─日米比較研究─』学文社。

──(2000)『銀行経営の革新─邦銀再生の条件─』（新版）学文社。

経済審議会・行動計画委員会　金融ワーキンググループ報告（1996）「わが国金融システムの活性化のために」。

公正取引委員会（2005）「株式会社三井住友銀行に対する勧告について」。

公正取引委員会事務総局（2001）「金融機関と企業との取引慣行に関する調査報告書（融資先企業に対する不公正取引の観点からのアンケート調査結果）」。

──(2006)「金融機関と企業との取引慣行に関する調査報告書」。

埼玉県金融史編纂事業事務局編（1982）『埼玉県金融史─埼玉県金融史編纂事業調査研究報告書─』埼玉県社会経済総合調査会。

阪谷芳郎編（1900）『青淵先生六十年史─名近世実業発達史─』第1巻、龍門社。

作道洋太郎（1971）『近世封建社会の貨幣金融構造』塙書房。

作道洋太郎・廣山謙介（1986）「関西金融史研究の課題」『大阪大学経済学』第36巻第1・2号、pp.268-290。

山陰合同銀行行史編纂室編（1973）『山陰合同銀行史』山陰合同銀行。

三和銀行三和銀行史刊行委員会編（1954）『三和銀行史』三和銀行。

滋賀銀行五十年史編纂室編（1985）『滋賀銀行五十年史』滋賀銀行。

四国銀行百年史編纂室編（1980）『四国銀行百年史』四国銀行。

静岡銀行50年史編纂室編（1993）『静岡銀行史─創業百十五年の歩み─』静岡銀行。

渋沢栄一（1912）『青淵百話』坤、同文館。

渋沢栄一述（1985）『雨夜譚』岩波文庫。

渋沢青淵記念財団竜門社編（1955a）『渋沢栄一伝記資料』第2巻、渋沢栄一伝記資料刊行会。

──(1955b)『渋沢栄一伝記資料』第3巻、渋沢栄一伝記資料刊行会。

渋沢秀雄（1998）『渋沢栄一』（第22版）渋沢青淵記念財団竜門社。

十八銀行九十年史編纂委員編（1968）『九十年の歩み』十八銀行。

十六銀行編（1978）『十六銀行百年史』十六銀行。

春畝公追頌会編（1940）『伊藤博文伝』上巻、春畝公追頌会。

新保博（1956）「徳川時代の信用制度についての一試論」『神戸大学経済学研究』

年報第 3 号、pp.111-160。

関根敏隆・小林慶一郎・才田友美（2003）「いわゆる『追い貸し』について」『金融研究』第 22 巻第 1 号、pp.129-148。

全国信用金庫協会（2003）「信用金庫としての地域貢献開示について」。

全国地方銀行協会（1961）『地方銀行小史』全国地方銀行協会。

──（2003）「地域貢献に関する情報開示の充実に向けて」。

創業百年史編纂事務局編（1979）『創業百年史』廣島銀行。

第一銀行八十年史編纂室編（1957）『第一銀行史』上巻、第一銀行。

第四銀行編（1956）『第四銀行八十年史』第四銀行。

第四銀行企画部行史編集室編（1974）『第四銀行百年史』第四銀行。

高垣寅次郎（1970）「ナショナル・カレンシー・アクトと国立銀行条例──維新後金融制度改革史研究の断片──」『成城大学経済研究』第 31 号、pp.111-133。

高田保馬（1971）『社会学概論』（改版）岩波書店。

滝川好夫（1997）『現代金融経済論の基本問題』勁草書房。

──（1999）『金融論の要点整理』税務経理協会。

──（2002）「金融論と『金融社会学』」『神戸大学経済学研究』年報第 49 号、pp.1-20。

──（2003）「金融社会学」『貯蓄経済理論研究会年報』第 18 巻、pp.51-77。

──（2004a）「なぜ地域金融機関は地域貢献活動を行うのか」『神戸大学経済学研究』年報第 51 号、pp.1-16。

──（2004b）『やさしい金融システム論』日本評論社。

──（2006a）『郵政民営化の金融社会学』日本評論社。

──（2006b）「リレーションシップ・バンキングの経済理論──1 つのサーベイ──」『神戸大学経済学研究年報』第 53 号、pp.41-65。

──（2007）『リレーションシップ・バンキングの経済分析』税務経理協会。

──（2008）『ケインズ経済学を読む──「貨幣改革論」・「貨幣論」・「雇用・利子および貨幣の一般理論」──』ミネルヴァ書房。

──（2009）『資本主義はどこへ行くのか──新しい経済学の提唱──』PHP 研究所。

──（2010）『サブプライム危機──市場と政府はなぜ誤ったか──』ミネルヴァ書房。

──（2011）『サブプライム金融危機のメカニズム』千倉書房。

竹澤正武（1968）『日本金融百年史』東洋経済新報社。

中小企業診断協会（2002）「中小企業の評価マニュアル」。

中小企業庁編（2002）『中小企業白書』ぎょうせい。

──（2008）『中小企業白書』ぎょうせい。

土屋喬雄（1966）『シャンド―わが国銀行史上の教師―』東洋経済新報社。

筒井義郎（1988）『金融市場と銀行業―産業組織の経済分析―』東洋経済新報社。

筒井義郎・植村修一編（2007）『リレーションシップバンキングと地域金融』日本経済新聞出版社。

東京銀行協会調査部・銀行図書館編（1998）『本邦銀行変遷史』東京銀行協会。

東京商工リサーチ（2007）「資金調達に関する実態調査」。

富永健一（1978）「企業の社会的責任の考え方について」『コミュニティバンク論 II』京都信用金庫、pp.167-189。

――（1995a）『社会学講義』中公新書。

――（1995b）『行為と社会システムの理論』東京大学出版会。

――（1997）『経済と組織の社会学理論』東京大学出版会。

内閣官房新しい資本主義実現本部事務局（2021）「緊急提言―未来を切り拓く『新しい資本主義』とその起動に向けて―」。

内閣官房日本経済再生総合事務局（2015）「『日本再興戦略』改訂2015―未来への投資・生産性革命―」。

内閣府（2006）「平成18年度　年次経済財政報告（経済財政政策担当大臣報告）―成長条件が復元し、新たな成長を目指す日本経済―」。

――（2009）「平成21年　情報通信に関する現状報告（平成21年版　情報通信白書）」。

内閣府経済審議会・行動計画委員会・金融ワーキンググループ報告（1996）「わが国金融システムの活性化のために」。

南地伸昭（2004a）「地域金融機関のリレーションシップバンキング―その課題と対応―」『生活経済学研究』第19巻、pp.245-254。

――（2004b）「地域金融機関の二重性の分析―金融社会論的アプローチ―」『生活経済学研究』第20巻、pp.55-70。

――（2005）「国立銀行設立にみるリレーションシップバンキングの原型―地域金融の円滑化と殖産興業―」『生活経済学研究』第21巻、pp.43-57。

――（2007）「ドイツの貯蓄銀行のコミュニケーション・チャネル戦略」『季刊個人金融』第2巻第2号、pp.17-27。

南都銀行行史編纂室編（1985）『南都銀行五十年史』南都銀行。

西村吉正（2011）『金融システム改革50年の軌跡』金融財政事情研究会。

日本型金融システムと金融の行政の将来ビジョン懇話会（2002）「金融システムと行政の将来ビジョン」。

日本銀行岡山支店編（1972）『岡山金融経済史』日本銀行岡山支店。

日本銀行調査局編（1958）『日本金融史資料』明治大正編、第4巻、大蔵省印刷
　　局。

日本銀行百年史編纂室編（1982）『日本銀行百年史』第1巻、日本銀行。

日本銀行福島支店編（1969）『福島県金融経済の歩み―日本銀行福島支店をめぐ
　　る70年―』日本銀行福島支店。

八十二銀行編（1968）『八十二銀行史』八十二銀行。

濱嶋朗・竹内郁郎・石川晃弘編（2005）『社会学小辞典』（新版増補版）有斐閣。

浜田実（1991）「金融機関における今後の情報戦略について」『金融研究』第10
　　巻第3号、pp.65-86。

百十四銀行百年誌編纂室編（1979）『百十四銀行百年誌』百十四銀行。

広田真一・筒井義郎（1992）「銀行業における範囲の経済性」堀内昭義・吉野直
　　行『現代日本の金融分析』東京大学出版会。

PHP研究所（2012）『PHPビジネスレビュー　松下幸之助塾』11、12月号。

福田慎一・粕谷宗久・中島上智（2007）「非上場企業に『追い貸し』は存在した
　　か？」『金融研究』第26巻第1号、pp.73-104。

藤原賢哉（2006）『金融制度と組織の経済分析―不良債権問題とポストバブルの
　　金融システム―』中央経済社。

細田隆（1998）『転換期の金融システム』金融財政事情研究会。

村本孜（1994）『制度改革とリテール金融』有斐閣。

――（2001a）「金融システムと中小企業金融（Ⅰ）」『成城大学経済研究』第154
　　号、pp.1-30。

――（2001b）「金融システムと中小企業金融（Ⅱ）」『成城大学経済研究』第155
　　号、pp.119-143。

――（2003a）「リレーションシップバンキングと中小企業金融（Ⅰ）」『成城大学
　　経済研究』第162号、pp.255-277。

――（2003b）「リレーションシップバンキングと中小企業金融（Ⅱ）」『成城大学
　　経済研究』第163号、pp.229-249。

――（2004a）「リレーションシップバンキングと中小企業金融（Ⅲ）」『成城大学
　　経済研究』第164号、pp.1-27。

――（2004b）「地域金融機関論―『法と経済学』による序論的考察―（Ⅰ）」『成
　　城大学経済研究』第166号、pp.73-94。

――（2005）『リレーションシップバンキングと金融システム』東洋経済新報社。

山口銀行編（1968）『山口銀行史』山口銀行。

家森信善（2002）「長期不況下における中小企業金融と信用保証協会の役割」『信

用保証』第 104 号、pp.2-6。

——（2004）『地域金融システムの危機と中小企業金融』千倉書房。

横浜銀行（2011）『創立 90 周年記念誌—地域とともに 141 年　横浜銀行の歩み—』。

横浜銀行企画部横浜銀行六十年史編纂室編（1980）『横浜銀行六十年史』横浜銀行。

横浜銀行行史編纂委員会編（1961）『横浜銀行四十年史』横浜銀行。

蝋山昌一（1989）『金融自由化の経済学』日本経済新聞社。

——（1998）「日本版ビッグバン青写真作成に参加して」『広島大学経済論叢』第 21 号、pp.57-85。

〔外国語〕

Alessandrini, P., Presbitero, A. F. and Zazzaro, A.（2009）"Banks, Distance and Firm's Financing Constraints," *Review of Finance*, Vol.13, pp.261-307.

Ansoff, H. I.（1979）*Strategic Management*, Macmillan Press（中村元一訳〔1980〕『戦略経営論』産業能率大学出版部）.

Arrow, K. J.（1974）*The Limits of Organization*, Norton, New York（村上泰亮訳〔1976〕『組織の限界』岩波書店）.

Barnard, C. I.（1938）*The Functions of the Executive*, Harvard University Press（山本安次郎・田杉競・飯野春樹訳〔1968〕『新訳　経営者の役割』ダイヤモンド社）.

Basel Committee on Banking Supervision（2008a）*Basel Committee on Banking Supervision Announces Steps to Strengthen the Resilience of the Banking System*（日本銀行仮訳〔2008〕「バーゼル銀行監督委員会が銀行システムの強靭性強化のための対策を公表」）.

——（2008b）*Principles for Sound Liquidity Risk Management and Supervision*（日本銀行仮訳〔2008〕「健全な流動性リスク管理及びその監督のための諸原則」）.

——（2009a）*Range of Practices and Issues in Economic Capital Frameworks*（日本銀行仮訳〔2009〕「経済資本の枠組みの実務の幅と論点」）.

——（2009b）*Supervisory Guidance for Assessing Banks' Financial Instrument Fair Value Practices*（日本銀行仮訳〔2009〕「銀行の金融商品公正価値実務の評価のための監督上のガイダンス（序文全文及び原則の抄訳)」）.

——（2009c）*Principles for Sound Stress Testing Practices and Supervision*（日本銀行仮訳〔2009〕「健全なストレス・テスト実務及びその監督のための諸原則」）.

――(2009d) *Enhancements to the Basel II Framework*（金融庁・日本銀行〔2009〕「バーゼルIIの枠組みの強化　バーゼルIIの枠組みの強化の概要」）.

――(2009e) *Revisions to the Basel II Market Risk Framework*（金融庁・日本銀行〔2009〕「バーゼルIIの枠組みの強化　マーケット・リスクの枠組み関連の概要」）.

――(2009f) *Guidelines for Computing Capital for Incremental Risk in the Trading Book*（金融庁・日本銀行〔2009〕「バーゼルIIの枠組みの強化　マーケット・リスクの枠組み関連の概要」）.

――(2010a) *Principles for Enhancing Corporate Governance*（日本銀行仮訳〔2010〕「コーポレート・ガバナンスを強化するための諸原則」）.

――(2010b) *Basel III Rules Text and Results of the Quantitative Impact Study Issued by the Basel Committee*（金融庁仮訳〔2008〕「バーゼル銀行監督委員会がバーゼルIIIテキスト及び定量的影響度調査の結果を公表」）.

――(2010c) *Basel III: A Global Regulatory Framework for More Resilient Banks and Banking Systems.*

――(2010d) *Basel III: International Framework for Liquidity Risk Measurement, Standards and Monitoring.*

――(2010e) *Results of the Comprehensive Quantitative Impact Study.*

――(2010f) *Guidance for National Authorities Operating the Countercyclical Capital Buffer.*

Benvenuti, M., Casolaro, L., Del Prete, S. and Mistrulli, P. E. (2010) "Loan Officer Authority and Small Business Lending. Evidence from a Survey," *MPRA Paper* No.26475.

Berger, A. N. and Udell, G. F. (1992) "Some Evidence on the Empirical Significance of Credit Rationing," *Journal of Political Economy*, Vol.100, No.5, October, pp.1047-1077.

――(1995) "Relationship Lending and Lines of Credit in Small Firm Finance," *Journal of Business*, Vol.68, No.3, July, pp.351-381.

――(1998) "The Economics of Small Business Finance: The Roles of Private Equity and Debt Markets in the Financial Growth Cycle," *Journal of Banking and Finance*, Vol.22, No.6-8, August, pp.613-673.

――(2002) "Small Business Credit Availability and Relationship Lending: The Importance of Bank Organizational Structure," *Economic Journal*, Vol.112, No.477, February, pp.32-53.

206

Berger, A. N., Espinosa-Vega, M. A., Scott Frame, W. and Miller, N. H. (2011) "Why Do Borrowers Pledge Collateral? New Empirical Evidence on the Role of Asymmetric Information," *Journal of Financial Intermediation*, Vol.20, January, pp.55-70.

Berger, A. N., Scott Frame, W. and Miller, N. H. (2005) "Credit Scoring and the Availability, Price, and Risk of Small Business Credit," *Journal of Money, Credit, and Banking*, Vol.37, No.2, April, pp.191-222.

Berlin, M. and Mester, L. J. (1998) "On the Profitability and Cost of Relationship Lending," *Journal of Banking and Finance*, Vol.22, No.6-8, August, pp.873-897.

——(1999) "Deposits and Relationship Lending," *Review of Financial Studies*, Vol.12, No.3, Autumn, pp.579-607.

Bertalanffy, L. v. (1968) *General System Theory: Foundations, Development, Applications*, George Braziller, New York（長野敬・太田邦昌訳〔1973〕『一般システム理論』みすず書房）.

Bharath, S., Dahiya, S., Saunders, A. and Srinivasan, A. (2009) "Lending Relationships and Loan Contract Terms," *Review of Financial Studies*, RFS Advance Access published online on October 7.

Bhattacharya, S. and Thakor, A. V. (1993) "Contemporary Banking Theory," *Journal of Financial Intermediation*, Vol.3, No.1, October, pp.2-50.

Boot, A. (2000) "Relationship Banking: What Do We Know?" *Journal of Financial Intermediation*, Vol.9, No.1, January, pp.7-25.

Boot, A. and Thakor, A. V. (1994) "Moral Hazard and Secured Lending in an Infinitely Repeated Credit Market Game," *International Economic Review*, Vol.35, No.4, November, pp.899-920.

——(2000) "Can Relationship Banking Survive Competition?" *Journal of Finance*, Vol.55, No.2, April, pp.679-713.

Boyd, J. H. and Prescott, E. C. (1986) "Financial Intermediary-Coalitions," *Journal of Economic Theory*, Vol.38, No.2, April, pp.211-232.

Brand, H. and Duke, J. (1982) "Productivity in Commercial Banking: Computers Spur the Advance," *Monthly Labor Review*, December 1982, pp.19-27.

Brick, I. and Palia, D. (2007) "Evidence of Jointness in the Terms of Relationship Lending," *Journal of Financial Intermediation*, Vol.16, No.3, July, pp.452-476.

Bryan, L. L. (1988) *Breaking up the Bank: Rethinking an Industry Under Siege*, Dow Jones-Irwin.

——(1991) *Bankrupt: Restoring the Health and Profitability of Our Banking System*, HarperCollins.

Child, J. (1977) *Organization: A Guide to Problems and Practice*, Harper & Row.

Cole, R. A. (1998) "The Importance of Relationships to the Availabity of Credit," *Journal of Banking and Finance*, Vol. 22, Nosp. 6-8, August, pp. 959-977.

Coleman, J. S. (1988) "Social Capital in the Creation of Human Capital," *American Journal of Sociology*, Vol. 94 Supplement, pp. S95-S120.

Dahrendorf, R. (1959) *Homo Sociologicus*, Westdeutscher Verlag, Köln/Opladen (橋本和幸訳〔1973〕『ホモ・ソシオロジクス』ミネルヴァ書房).

Degryse, H. and Van Cayseele, P. (2000) "Relationship Lending within a Bank-Based System: Evidence from European Small Business Data," *Journal of Financial Intermediation*, Vol. 9, No. 1, January, pp. 90-109.

Degryse, H., Laeven, L. and Ongena, S. (2009) "The Impact of Organizational Structure and Lending Technology on Banking Competition," *Review of Finance*, Vol. 13, pp. 225-259.

DeYoung, R., Glennon, D. and Nigro, P. (2008) "Borrower-lender Distance, Credit Scoring, and Loan Performance: Evidence from Informational-opaque Small Business Borrowers," *Journal of Financial Intermediation*, Vol. 17, No. 1, January, pp. 113-143.

Diamond, D. W. (1984) "Financial Intermediation and Delegated Monitoring," *Review of Economic Studies*, Vol. 15, No. 3, July, pp. 393-414.

——(1989) "Reputation Acquisition in Debt Markets," *Journal of Political Economy*, Vol. 97, No. 4, August, pp. 828-862.

——(1991) "Monitoring and Reputation: The Choice between Bank Loans and Directly Placed Debt," *Journal of Political Economy*, Vol. 99, No. 4, August, pp. 689-721.

Duncan, R. B. (1972) "Characteristics of Organizational Environments and Perceived Environmental Uncertainty," *Administrative Science Quarterly*, Vol. 17, No. 3, September, pp. 313-327.

Edwards, F. R. (1977) "Managerial Objectives in Regulated Industries: Expense-Preference Behavior in Banking," *Journal of Political Economy*,

Vol. 85, No. 1, February, pp. 147-162.

Elsas, R. (2005) "Empirical Determinants of Relationship Lending," *Journal of Financial Intermediation*, Vol. 14, No. 1, February, pp. 32-57.

Elyasiani, E. and Goldberg, L. G. (2004) "Relationship Lending: A Survey of the Literature," *Journal of Economics and Business*, Vol. 56, No. 4, pp. 315-330.

Ergungor, O. E. (2005) "The Profitability of Bank-Borrower Relationships," *Journal of Financial Intermediation*, Vol. 14, No. 4, October, pp. 485-512.

Evan, W. (1966) "The Organization Set: Towards a Theory of Interorganizational Relations," in J. Thompson (ed.), *Approaches in Organizational Design*, Pittsburg, PA: Pittsburg University Press, pp. 173-191 (土屋敏明・金子邦男・古川正志訳〔1969〕『組織の革新』ダイヤモンド社).

Fama, E. F. (1985) "What's Different about Banks," *Journal of Monetary and Economics*, Vol. 15, No. 1, January, pp. 29-39.

Farinha, L. A. and Santos, J. A. (2002) "Switching from Single to Multiple Bank Lending Relationships: Determinants and Implications," *Journal of Financial Intermediation*, Vol. 11, No. 2, April, pp. 124-151.

Financial Stability Forum (2008) *Report of the Financial Stability Forum on Enhancing Market and Institutional Resilience* (金融庁仮訳〔2008〕「市場と制度の強靱性の強化に関する金融安定化フォーラム(FSF)報告書提言概要」).

Freixas, X. and Rochet, J. (1997) *Microeconomics of Banking*, The MIT Press.

Fukuyama, F. (1995) *Trust: The Social Virtues and the Creation of Prosperity*, The Free Press, New York (加藤寛訳〔1996〕『「信」無くば立たず』三笠書房).

Galbraith, J. R. (1971) "Matrix Organizaion Designs: How to Combine Functional and Project Forms," *Business Horizons*, Vol. 14, No. 1, February, pp. 29-40.

——(1972) "Organization Design: An Information Processing View," in J. W. Lorsch & P. R. Lawrence (eds.), *Organization Planning: Cases and Concepts*, Irwin-Dorsey.

——(1973) *Designing Complex Organizations*, Addison-Wesley (梅津祐良訳〔1980〕『横断組織の設計』ダイヤモンド社).

——(1977) *Organization Design*, Addison-Wesley.

Gilbart, J. W. (1846) *The Moral and Religious Duties of Public Companies*, Waterlow and Sons, London.

——(1865) *A Practical Treatise on Banking*, Bell & Daldy, London.

Goldscheid, R. (1917) *Staatssozialismus usw: Ein finanzsoziologischer Beitrag zur Lösung des Staatsschulden-Problems.*

Greenbaum, S., Kanatas, G. and Venezia, I. (1989) "Equilibrium Loan Pricing under the Bank-Client Relationship," *Journal of Banking and Finance*, Vol.13, No.2, May, pp.221-235.

Group of Governors and Heads of Supervision (2010) *Group of Governors and Heads of Supervision Announces Higher Global Minimum Capital Standards*（金融庁仮訳〔2010〕「中央銀行総裁・銀行監督当局長官グループがより高い国際的な最低自己資本基準を発表」）.

Grunert, J., Norden, L. and Weber, M. (2005) "The Role of Non-financial Factors in Internal Credit Ratings," *Journal of Banking and Finance*, Vol.29, No.2, February, pp.509-531.

Hall, R. I. (1981) "Decision-Making in a Complex Organization," in G. W. England, A. R. Negandhi, & B. Wilpert (eds.), *The Functioning of Complex Organizations*, OG & H.

Hertzberg, A., Liberti, J. M. and Paravisini, D. (2010) "Information and Incentives Inside the Firm: Evidence from Loan Officer Rotation," *Journal of Finance*, Vol.65, No.3, June, pp.795-828.

Hickson, D. J., Pugh, D. S. & Pheysey, D. (1969) "Operations Technology and Organization Structure: An Empirical Reappraisal," *Administrative Science Quarterly*, Vol.14, No.3, September, pp.378-397.

Hoshi, T., Kashyap, A. and Scharfstein, D. (1991) "Corporate Structure, Liquidity and Investment: Evidence from Japanese Industrial Groups," *Quarterly Journal of Economics*, Vol.106, No.1, February, pp.33-60.

Hunter, L. W. and Lafkas, J. J. (1998) "Firm Evidence of the Information Age? Information Techinology, Work Practices, and Wages," *Wharton Financial Institutions Center Working Paper*, 98-02-B, University of Pennsylvania.

James, C. (1987) "Some Evidence on the Uniqueness of Bank Loans," *Journal of Financial Economics*, Vol.19, No.2, December, pp.217-235.

Keynes, J. M. (1931) *Essays in Persuasion*, London (The Collected Writings of John Maynard Keynes, Vol. IX, Macmillan Press, 1972)（宮崎義一訳〔1981〕『説得論集』ケインズ全集第9巻、東洋経済新報社）.

Kim, N. (2009) "Financial Statements and Lending Decision by Large Banks and Small Banks," *International Review of Business Research Papers*, Vol.5,

No.5, September, pp.346-354.

Lawrence, P. R. and Lorsch, J. W. (1967) *Organization and Environment: Managing Differentiation and Integration*, Harvard University Press (吉田博訳〔1977〕『組織の条件適応理論』産業能率短期大学出版部).

Leland, H. and Pyle, D. (1977) "Informational Asymmetries, Financial Structure, and Financial Intermediation," *Journal of Finance*, Vol.32, No.2, May, pp.371-387.

Lummer, S. L. and McConnell, J. J. (1989) "Further Evidence on the Bank Lending Process and the Capital-Market Response to Bank Loan Agreements," *Journal of Financial Economics*, Vol.25, No.1, November, pp.99-122.

Mead, G. H. (1934) *Mind, Self and Society: From the Standpoint of Social Behaviorist*, The University of Chicago Press, Chicago (稲葉三千男・滝沢正樹・中野収訳〔1973〕『精神・自我・社会』青木書店).

Milgrom, P. and Roberts, J. (1992) *Economics, Organization and Management*, Prentice Hall (奥野正寛・伊藤秀史・今井晴雄・西村理・八木甫訳〔1997〕『組織の経済学』NTT 出版).

Ongena, S. and Smith, D. (2000) "What Determinens the Number of Bank Relationships? Cross-Country Evidence," *Journal of Financial Intermediation*, Vol.9, No.1, January, pp.26-56.

Pareto, V. (1920) *Compendio di sociologia generale: per cura di Giulio Farina*, G. Barbèra, Firenze (姫岡勤訳〔1996〕『一般社会学提要』名古屋大学出版会).

Peek, J. and Rosengren, E. S. (2005) "Unnatural Selection: Perverse Incentives and the Misallocation of Credit in Japan," *American Economic Review*, Vol.95, No.4, September, pp.1144-1166.

Perrow, C. (1967) "A Framework for the Comparative Analysis of Organizations," *American Sociological Review*, Vol.32, No.2, April, pp.194-208.

Petersen, M. and Rajan, R. (1993) "The Effect of Credit Market Competition on Firm-Creditor Relationships," *Working Paper*, University of Chicago, February.

——(1994) "The Benefits of Lending Relationships: Evidence from Small Business Data," *Journal of Finance*, Vol.49, No.1, March, pp.3-37.

——(1995) "The Effect of Credit Market Competition on Lending Relationships," *Quarterly Journal of Economics*, Vol.110, No.2, May, pp.407-443.

——(2002) "Does Distance Still Matter? The Information Revolution in Small

Business Lending," *Journal of Finance*, Vol.57, No.6, December, pp.2533-2570.

Pfeffer, J. (1978) "The Micropolitics of Organizations," in M. W. Meyer and Associates, *Environments and Organizations*, Jossey-Bass.

Pfeffer, J. and Salancik, G. R. (1978) *The External Control of Organizations: A Resource Dependence Perspective*, Harper & Row.

Prasad, B. and Harker, P. T. (1997) "Examining the Contribution of Information Technology Toward Productivity and Profitability in U.S. Retail Banking," *Wharton Financial Institution Center Working Paper*, 97-09, University of Pennsylvania.

Putnam, R. D. (1993) *Making Democracy Work: Civic Traditions in Modern Italy*, Princeton University Press, Princeton.

――(1995) "Bowling Alone: America's Declining Social Capital," *Journal of Democracy*, Vol.6, No.1, January, pp.65-78.

Rajan, R. (1992) "Insiders and Outsiders: The Choice between Informed and Arm's-Length Debt," *Journal of Finance*, Vol.47, No.4, September, pp.1367-1400.

Ramakrishnan, R. T. S. and Thakor, A. V. (1984) "Information Reliability and a Theory of Financial Intermediation," *Review of Economic Studies*, Vol.51, No.3, July, pp.415-432.

Rice, T. and Strahan, P. E. (2010) "Does Credit Competition Affect Small-Firm Finance?" *Journal of Finance*, Vol.65, No.3, June, pp.861-889.

Rogers, D. (1992) *The Future of American Banking: Managing for Change*, McGraw-Hill.

Scharfstein, D. and Stein, J. (2000) "The Dark Side of Internal Capital Markets: Divisional Rent-seeking and Inefficient Investment," *Journal of Finance*, Vol.55, No.6, December, pp.2537-2564.

Schrödinger, E. (1944) *What is Life?: The Physical Aspect of the Living Cell*, Cambridge University Press, Cambridge（岡小天・鎮目恭夫訳〔2008〕『生命とは何か―物理的にみた生細胞―』岩波書店）.

Schumpeter, J. (1918) *Die Krise des Steuerstaats*, Graz und Leipzig（木村元一訳〔1951〕『租税国家の危機』勁草書房）.

Sharpe, S. (1990) "Asymmetric Information, Bank Lending, and Implicit Contracts: A Stylized Model of Customer Relationships," *Journal of Finance*,

Vol.45, No.4, September, pp.1069-1087.

Simmel, G. (1908) *Soziologie: Untersuchungen über die Formen der Vergesell-schaftung*, 5. Aufl., Duncker & Humblot, Leipzig (居安正訳〔1994〕『社会学』上・下巻、白水社).

Stein, J. C. (2002) "Information Production and Capital Allocation: Decentral-ized versus Hierarchical Firms," *Journal of Finance*, Vol.57, No.5, October, pp.1891-1921.

Stiglitz, J. (2000) "The Contributions of the Economics of Information to Twen-tieth Century Economics," *Quarterly Journal of Economics*, Vol.115, No.4, November, pp.1441-1478.

Stopford, J. M. and Wells Jr, L. T. (1972) *Managing the Multinational Enter-prise*, Basic Books (山崎清訳〔1976〕『多国籍企業の組織と所有政策』ダイヤモンド社).

The International Accounting Standards Board (2008) *Educational Guidance on the Application of Fair Value Measurement When Markets Become Inac-tive*.

Thompson, J. D. (1967) *Organizations in Action*, McGraw-Hill.

Von Rheinbaben, J. and Ruckes, M. (2004) "The Number and the Closeness of Bank Relationships," *Journal of Banking and Finance*, Vol.28, No.7, July, pp.1597-1615.

Weick, K. E. (1969) *The Social Psychology of Organizing*, Addison-Wesley (金児暁訳〔1980〕『組織化の心理学』誠信書房).

――(1979) *The Social Psychology of Organizing 2nd*, Addison-Wesley.

Wiese, L. v. (1955) *System der allgemeinen Soziologie*, 3. Aufl., Duncker & Humblot, Berlin.

Wilson, P. F. (1993) "The Pricing of Loans in a Bank-Borrower Relationship," *Working Paper*, Indiana University, Indiana, July.

Woodward, J. (1958) *Management and Technology*, HMSO.

――(1965) *Industrial Organization: Behaviour and Control*, Oxford University Press (矢島鈞次・中村壽雄訳〔1970〕『新しい企業組織』日本能率協会).

Yamori, N. (1998) "Bureaucrat-Managers and Corporate Governance: Expense-Preference Behaviors in Japanese Financial Institutions," *Economics Letters*, Vol.61, No.3, December, pp.385-389.

図表一覧（本文掲載順）

初 出 一 覧

　最後に、各章の基礎となった論文を以下に示す。なお、本書への収録に当たっ
て、いずれも相当程度の再編集や加筆修正、統計データの更新を行った。

序　章
　書き下ろし

第1章
　「国立銀行設立にみるリレーションシップバンキングの原型—地域金融の円滑
　化と殖産興業—」『生活経済学研究』第21巻、2005年3月、pp.43-57。

第2章
　書き下ろし

第3章
　書き下ろし

第4章
　「地域金融機関のリレーションシップバンキング—その課題と対応—」『生活経
　済学研究』第19巻、2004年3月、pp.245-254。

第5章
　「地域金融機関の二重性の分析—金融社会論的アプローチ—」『生活経済学研
　究』第20巻、2004年9月、pp.55-70。

第6章
　「地域金融機関の二重性の分析—金融社会論的アプローチ—」『生活経済学研
　究』第20巻、2004年9月、pp.55-70。

第7章
　「わが国地方銀行の組織デザイン化戦略にみる環境適応行動—情報通信技術革
　新と業際規制緩和の視点から—」『経営行動科学』第30巻第2号、2017年8月、
　pp.61-81。

事 項 索 引

人 名 索 引

著者紹介

南地伸昭（なんち・のぶあき）

1960 年　兵庫県に生まれる
1984 年　株式会社池田銀行（現 池田泉州銀行）に入行し、営業店および本部各部を経て 2009 年執行役員企画部長、その後、持株会社および銀行双方の取締役等を歴任し、現在、甲南大学経営学部特任教授。「地域金融論」講座を担当
2006 年 9 月　神戸大学大学院経済学研究科博士後期課程修了
　　　　博士（経済学）
2022 年 9 月　北海道大学大学院国際広報メディア・観光学院博士後期課程修了
　　　　博士（観光学）

主な著書・論文

『地域金融機関の社会貢献』八千代出版、2012 年
「わが国地方銀行の組織デザイン化戦略にみる環境適応行動—情報通信技術革新と業際規制緩和の視点から—」『経営行動科学』第 30 巻第 2 号、2017 年 8 月、pp.61-81（第 16 回〔2018 年度〕経営行動科学学会「JSSA アワード優秀事例賞」受賞）
「聖地巡礼ツーリズムの経験価値に関する一考察」『観光研究』第 32 巻第 1 号、2020 年 9 月、pp.19-32（2020 年度日本観光研究学会「優秀論文賞」受賞）
「巡礼ツーリズムにおける経験価値のモデル実証—西国三十三所巡礼バスツアー参加者への質問紙調査を基に—」『観光研究』第 33 巻第 1 号、2021 年 9 月、pp.89-105（2021 年度日本観光研究学会「優秀論文賞」受賞）

地域金融論
—近代的地域銀行誕生の背景とその存在意義—

2023 年 4 月 17 日　第 1 版 1 刷発行

著　者— 南　地　伸　昭
発行者— 森　口　恵美子
印刷所— 新　灯　印　刷
製本所— グ　リ　ー　ン
発行所— 八千代出版株式会社

〒101-0061　東京都千代田区神田三崎町 2-2-13

TEL　03 - 3262 - 0420
FAX　03 - 3237 - 0723
振替　00190 - 4 - 168060

＊定価はカバーに表示してあります。
＊落丁・乱丁本はお取替えいたします。